Estudio bíblico
de 5 minutos para hombres

© 2025 por Barbour Español

ISBN 979-8-89151-044-9

Título en inglés: *The 5-Minute Bible Study for Men* © 2020 por Barbour Publishing, Inc.

Todos los derechos reservados. Ninguna parte de esta publicación puede ser reproducida o transmitida con fines comerciales, excepto por breves referencias en revisiones impresas, sin el permiso por escrito de la editorial. Los textos reproducidos no podrán ser usados en sitios de la Web en el ámbito mundial. Ningún contenido publicado por Barbour puede ser usado como data para entrenamiento de máquinas de inteligencia artificial o el desarrollo de cualquier otro programa similar.

Las iglesias y otras entidades con intereses no comerciales pueden reproducir parte de este libro sin autorización escrita expresa de Barbour Español, siempre y cuando que el texto no exceda 500 palabras o el 5% de todo el libro o menos, y que no sea material citado de otra editorial. Cuando se reproduzca el texto de este libro deben incluirse las siguientes líneas de crédito: «De *Estudio bíblico de 5 minutos para hombres*, publicado por Barbour Español. Usado con permiso».

A menos que se especifique lo contrario, el texto bíblico ha sido tomado de la Santa Biblia, Versión Reina-Valera 1960 © 1960 Sociedades Bíblicas en América Latina, © renovado 1988 Sociedades Bíblicas Unidas. Usadas con permiso. Todos los derechos reservados.

El texto bíblico indicado con «BLPH» ha sido tomado de la Biblia La Palabra (versión hispanoamericana) © 2010 Texto y Edición, Sociedad Bíblica de España. Usado con permiso.

El texto bíblico indicado con «NVI» ha sido tomado de la de la SANTA BIBLIA, NUEVA VERSIÓN INTERNACIONAL®, NVI®. Copyright © 1999 por International Bible Society®. Usado con permiso. Todos los derechos reservados.

El texto bíblico indicado con «NTV» ha sido tomado de la Santa Biblia, Nueva Traducción Viviente, © Tyndale House Foundation, 2010. Usado con permiso de Tyndale House Publishers, Inc., 351 Executive Dr., Carol Stream, IL 60188, Estados Unidos de América. Todos los derechos reservados.

Algunos contenidos de este libro han sido extraídos de escritos anteriores del mismo autor.

Desarrollo editorial: Semantics, Inc. Semantics01@comcast.net

Publicado por Barbour Español, un sello de Barbour Publishing, Inc., 1810 Barbour Drive, Uhrichsville, Ohio 44683, www.barbourbooks.com

Nuestra misión es inspirar al mundo con el mensaje de la Biblia que cambia vidas.

Impreso en los Estados Unidos de América.

Estudio bíblico
de 5 minutos para hombres

David Sanford

BARBOUR
ESPAÑOL
Un Sello de Barbour Publishing

Introducción

¿Te cuesta dedicar tiempo a estudiar la Biblia? Tienes la intención, pero las horas se convierten en días, y antes de que te des cuenta, ha pasado otra semana y no has abierto la Palabra de Dios. Este libro te ofrece una vía para abrir la Biblia con regularidad y profundizar en un pasaje, ¡aunque solo dispongas de cinco minutos!

Minutos 1-2: *Lee* detenidamente los versículos correspondientes al estudio bíblico de cada día.

Minuto 3: *Entiende.* Reflexiona sobre preguntas que te ayudarán a aplicar los versículos bíblicos a tu vida. Tenlas en cuenta también a lo largo del día.

Minuto 4: *Aplica.* Lee una reflexión basada en el tema bíblico del día. Piensa en lo que estás aprendiendo y en cómo aplicar estas verdades a tu vida.

Minuto 5: *Ora.* Tienes una ayuda para iniciar la oración que te hará comenzar un tiempo de conversación con Dios. Acuérdate de dejar tiempo para que Él hable también en tu vida.

Que el *Estudio bíblico de 5 minutos para hombres* te ayude a tener la disciplina de estudiar la Palabra de Dios. Entra en tu auto cinco minutos antes con este libro y tu Biblia. ¡Tu deseo de pasar estos minutos en la Palabra de Dios y la oración puede marcar una gran diferencia!

Comienza diciendo «¡Gracias!»

Lee 1 Tesalonicenses 5.12-24

VERSÍCULO CLAVE:

Manténganse en constante acción de gracias, porque esto es lo que Dios quiere de ustedes como cristianos.
1 TESALONICENSES 5.18 BLPH

ENTIENDE:

- ¿Qué esperas obtener de este libro?
- Entre otras cosas, ¿te gustaría entender mejor cómo leer y estudiar la Biblia?

APLICA:

Imagina que estás sentado en tu camión comenzando tu primer estudio bíblico de este libro. ¿Recuerdas cómo te sentiste cuando compraste el camión? No es el camión de tus sueños, y no puedes olvidar la decepción de esa primera abolladura, pero te ha servido bien. Incluso ese roto en el asiento del pasajero dice, en efecto, *Este es mi camión*.

Al girarte para mirar ese desgarro en la tapicería, recuerdas quién te acompaña siempre. Imagina que le das tu Biblia, abierta por la página de la lectura de hoy y le pides al Señor: «¿Podrías leerme esto? Y, por favor, ¿podrías decirme el versículo clave de hoy que va directo a mi corazón?». Jesús sonríe, por supuesto, y dice que sí.

Hoy es un gran día para dar las gracias al mentor, amigo o familiar que te regaló este libro *Estudio bíblico de 5 minutos para hombres*. También es un gran día para dar gracias al Señor, que quiere consolidarte, fortalecerte y animarte a medida que avanzas en cada estudio bíblico por los próximos tres meses.

ORA:

Sí, Señor, quiero decir «¡Gracias!». Por favor, consolídame, fortaléceme y anímame hoy.

Decir «¡Guau!"

Lee Salmos 8.1-9

VERSÍCULO CLAVE:

Oh Señor, Señor nuestro, ¡tu majestuoso nombre llena la tierra!
Salmos 8.1 ntv

ENTIENDE:

- ¿Cuáles son los lugares más pintorescos en los que has estado?
- Di dos o tres de tus lugares favoritos.

APLICA:

Imagina que hoy tienes que conducir un buen trecho hasta el campo. Será inevitable sentir nostalgia de algunos de los lugares más bellos por los que pasarás en tu ruta. Ver por primera vez un lugar de belleza impactante despierta sentimientos de trascendencia, de «¡Guau!».

Por el contrario, la creación deteriorada produce vergüenza o repugnancia por las acciones irresponsables y pecaminosas de otros hombres. Sin embargo, aún quedan muchos lugares asombrosos. Cada lugar te habla de una manera profunda y misteriosa. A menudo, es el Espíritu Santo dentro de ti el que eleva tu corazón con una renovada revelación del infinito y eterno poder y gloria del Señor Dios.

Es cierto que la creación no puede decirnos todo sobre Dios, pero lo que dice es de primordial importancia. El Señor no necesitó más que decir la palabra para crear todo el universo. Y, sí, Él te hizo, plantó la semilla de la fe en tu corazón, te ayudó a entender la Buena Nueva de Jesucristo, y está obrando en tu corazón y en tu vida hasta el día de hoy.

Decir «¡Guau!» cuando ves las maravillas de la creación es importante porque acerca tu corazón a Dios. Espero que en estos próximos tres meses experimentes esos «¡Guau!» aún más frecuentemente al ver verdades asombrosas e inspiradas por Dios en las Escrituras.

A lo largo del camino, tendrás la oportunidad de decir «¡Guau!» a la inspiración divina de la Biblia, la preservación de las Escrituras, el milagro de la traducción y mucho más.

ORA:

¡Sí, Señor, quiero decir «¡Guau!» por tu majestuoso nombre! También quiero decir «¡Guau!» por todo lo que tienes reservado para mí al leer tu Palabra. Por favor, sigue cambiándome de adentro hacia afuera.

Por qué la Biblia está inspirada por Dios

Lee Salmos 119.1-24

VERSÍCULO CLAVE:

Abre mis ojos para que vea las maravillas de tu ley.
Salmos 119.18 BLPH

ENTIENDE:

- ¿Cómo se siente una persona creativa cuando está inspirada?
- ¿Cómo sería cuando Dios inspiró a los escritores bíblicos? ¿Alguna idea?

APLICA:

Cuando uno decide estudiar la Biblia, quiere estar seguro de que es inspirada por Dios, no por simples mortales. Aquí tienes cuatro razones de peso para decir «¡Guau!».

1. La Escritura se llama sistemáticamente «la Palabra de Dios». El salmo 119 lo demuestra mejor al utilizar diez términos diferentes para referirse a la Palabra de Dios. Es más, los profetas identifican indirectamente sus escritos como Palabra de Dios utilizando frases introductorias como «El Señor me dijo» y «La palabra del Señor vino a mí»...». Los escritores sabían que estaban diciendo las palabras de Dios (Deuteronomio 18.15-22 y Jeremías 36.27).

2. La Escritura afirma directamente que es inspirada por Dios. Segunda de Timoteo 3.16 usa la palabra «inspiración» («inspirada por Dios» en la Reina-Valera), y otros pasajes apoyan firmemente esta verdad. Segunda de Pedro 1.20-21 enseña que fueron hombres «inspirados» («impulsados» en la NVI) por el Espíritu Santo los que escribieron las Escrituras. Jesús y Pedro dijeron que la inspiración consiste en que Dios elige comunicar su mensaje a través de los hombres (Marcos 12.36, Hechos 4.25 y 2 Pedro 1.21).

3. Se habla de la Escritura como si fuera Dios. Ver Gálatas 3.8 y Génesis 12.1-3. Por otro lado, se habla de Dios como si fuera Escritura (Hebreos 3.7 con Salmos 95.7). Esto muestra la estrecha e íntima conexión entre Dios y su Palabra.

4. Los escritores del Antiguo Testamento reconocían a Dios como su fuente. Moisés dijo al pueblo de Israel que lo que les había mandado procedía del Señor (Deuteronomio 4.2). En 2 Samuel 23.2, el rey David declaró en su lecho de muerte que el Espíritu del Señor había hablado a través de él.

¡Y hay más!

ORA:

Sí, Señor, quiero decir «¡Guau!» por ver cómo inspiraste cada página de mi Biblia. Me alegro mucho de poder leerla confiadamente.

Más razones por las que la Biblia es inspirada

Lee Marcos 12.18-37

VERSÍCULO CLAVE:

Entonces respondiendo Jesús, les dijo: ¿No erráis por esto, porque ignoráis las Escrituras, y el poder de Dios?
MARCOS 12.24

ENTIENDE:

- Humanamente hablando, ¿quién es la persona más creativa, artística e inspirada que conoces?
- ¿Hasta qué punto crees que la Biblia está inspirada por Dios? ¿Sus libros? ¿Sus capítulos? ¿Sus versículos? ¿Sus palabras?

APLICA:

Se puede saber con certeza que la Biblia es de inspiración divina por otras dos razones de peso:

5. Jesucristo apoyó plenamente todas las Escrituras. Ver Mateo 5.17-19. Él confirmó su exactitud histórica, hasta el tiempo de un verbo (Marcos 12.26). Declaró que las Escrituras son permanentes (Mateo 5.17-18), están inspiradas por el Espíritu Santo (Marcos 12.36), contienen información suficiente para sustentar nuestra fe (Lucas 16.29-31), son inquebrantables (Juan 10.35) y concuerdan con sus enseñanzas (Juan 5.46-47 y Lucas 24.27, 44).

6. Los escritores del Nuevo Testamento consideraban que los dos testamentos son Palabra de Dios. Pedro afirmó que el Espíritu Santo inspiró el Antiguo Testamento (Hechos 4.25). Comparó los mandamientos de Jesucristo, que enseñaban los apóstoles, con las palabras de los santos profetas (2 Pedro 3.2). Declaró que el evangelio que se les predicaba era la Palabra del Señor (1 Pedro 1.23, 25). Pedro también reconoció los escritos de Pablo como parte de las Escrituras (2 Pedro 3.15-16).

El apóstol Pablo confirmó que el Antiguo Testamento es exacto en sus detalles históricos (1 Corintios 10.1-11). Pablo citó el Antiguo Testamento y los Evangelios como Escrituras (1 Tesalonicenses 5.18). Continuó declarando con firmeza que él predicaba la Palabra de Dios, no su propio mensaje (1 Tesalonicenses 2.13). Los escritores del Nuevo Testamento sabían que Dios les había confiado su Palabra (1 Timoteo 4.1-3, Tito 1.3 y Apocalipsis 1.1-3). ¡Guau!

ORA:

Sí, Señor, quiero decirte «¡Gracias!» por estas pruebas adicionales de que Tú inspiraste cada página de mi Biblia. Puedo llamarla Palabra de Dios sabiendo que eso es exactamente lo que es.

Tu respuesta a las Escrituras

Lee Daniel 9.1-19

VERSÍCULO CLAVE:

Yo, Daniel, al estudiar la palabra del Señor, según fue revelada al profeta Jeremías, aprendí que Jerusalén debía quedar en desolación durante setenta años. Así que dirigí mis ruegos al Señor Dios, en oración y ayuno.

Daniel 9.2-3 NTV

ENTIENDE:

- ¿Te resulta fácil o difícil tomarle la palabra a Dios?

- ¿Qué te lo haría más fácil?

APLICA:

¿Recuerdas quién te acompaña siempre? Imagina que le pides al Señor: «¿Podrías leerme el pasaje de hoy?». Jesús sonríe y dice que sí. Cuando termina, no cierra tu Biblia y te la devuelve. Lo que hace es que te mira y vuelve a sonreír.

Esperas con atención, pero el Señor no dice nada. Entonces caes en la cuenta: Ah, es que quiere decirme algo. *Él quiere saber qué respondo a lo que acaba de decir a mi corazón.*

La respuesta más fácil es orar: «Señor, te doy gracias por Daniel 9.2-3, que dice: "Yo, Daniel, miré atentamente en los libros..."».

¿Aún mejor? Orar: «Señor, te doy gracias por Daniel

9.2-3, que me dice que Daniel leyó una parte del libro de Jeremías, se tomó en serio las verdades esperanzadoras de esa porción, y luego se dirigió a ti en oración seria, sincera y de todo corazón».

Al final, todo estudio bíblico es una conversación. El Señor habla a tu corazón y luego tú respondes en oración. Por eso, todos los estudios bíblicos de este libro terminan con una oración.

ORA:

Sí, Señor, quiero decirte «¡Gracias!» por la lectura bíblica y el versículo clave de hoy. Como Daniel, quiero tomarte la palabra y orar cada día.

Cómo sacar provecho del estudio de la Biblia

Lee 1 Tesalonicenses 3.1-13

VERSÍCULO CLAVE:

Que él, como resultado, fortalezca su corazón para que esté sin culpa y sea santo al estar ustedes delante de Dios nuestro Padre cuando nuestro Señor Jesús regrese con todo su pueblo santo. Amén.
1 TESALONICENSES 3.13 NTV

ENTIENDE:

- ¿Cuánto has estudiado las Escrituras en el pasado?
- ¿Cuán grande es tu deseo de estudiar la Biblia en el futuro?

APLICA:

En tu corazón, quieres sacar provecho del estudio de la Biblia. Aquí tienes cinco claves:

1. Márcate un objetivo. Tu objetivo puede ser terminar todos los estudios bíblicos de este libro en tres meses. Si fallas un día, no te preocupes. Mañana puedes dedicarle 5 minutos más. ¿En el peor de los casos? Puedes ponerte al día con los estudios bíblicos de toda una semana en 35 minutos. ¡Puedes hacerlo!

2. Divide y vencerás. Si tu horario no te permite estudiar la Biblia todos los días, piensa en qué

otra cosa podría funcionar. La mayor parte del año, la Guardia Nacional alcanza sus objetivos dedicando un fin de semana al mes. En esta época del año, ¿qué te iría mejor?

3. Estudia con la cabeza y el corazón. Si no entiendes algo, no pasa nada por hacer preguntas. Pero mientras lees y estudias, céntrate en lo que ves claro.

4. Elige un versículo favorito para apropiártelo. Un buen amigo mío eligió 1 Tesalonicenses 3.13 como tema de oración para el año. ¿Tienes algún texto favorito? Si es así, ¡genial! Si no, puede que lo descubras en este libro.

5. Habla con el Señor mientras estudias su Palabra. Dile: «Sí, Señor, quiero vivir para ti como Abraham y José, y como Pedro y Pablo».

¿Cuál es la clave? Tomarse en serio las Escrituras. Al fin y al cabo, ¡es la Palabra de Dios!

ORA:

Sí, Señor, como bien sabes, ya he dicho «¡Sí!» a la lectura y el estudio de la Biblia. Por eso hoy vuelvo a pasar estos minutos contigo.

Los héroes bíblicos Hilcías y Esdras

Lee 2 Reyes 22.1-23.3

VERSÍCULO CLAVE:

Y poniéndose el rey en pie junto a la columna, hizo pacto delante de Jehová, de que irían en pos de Jehová, y guardarían sus mandamientos, sus testimonios y sus estatutos, con todo el corazón y con toda el alma, y que cumplirían las palabras del pacto que estaban escritas en aquel libro. Y todo el pueblo confirmó el pacto.

2 REYES 23.3

ENTIENDE:

- ¿Por qué crees que Dios preservó las Escrituras hebreas?
- ¿Hay que preguntarse o preocuparse por los libros perdidos de la Biblia?

APLICA:

Insisto, es normal preguntarse: «¿Tenemos todos los libros correctos de la Palabra de Dios?». Gracias a Dios, los libros del Antiguo Testamento se conservaron milagrosamente a pesar de la persecución y la apostasía nacional.

El malvado rey Manasés reinó en Judá cientos de años después de Moisés, David y muchos de los otros escritores del Antiguo Testamento. Para Manasés no había nada sagrado. Se le podría comparar con el malvado hechicero de *Indiana Jones y el templo maldito*, pero en lugar de sacrificar a los hijos de los demás, pasó a su propio hijo por el fuego (2 Reyes 21.6), como pasó por el fuego todas las copias de las Escrituras que pudo encontrar, según parece.

Una generación más tarde, ni siquiera el sumo sacerdote de Jerusalén tenía un ejemplar de la Palabra de Dios, hasta el día en que el sumo sacerdote Hilcías exclamó: «He hallado el libro de la ley» (2 Reyes 22.8). Esto ocurrió justo antes de que comenzara el cautiverio babilónico de Israel en el 386 a.C.

Afortunadamente, los israelitas llevaron a Babilonia los libros del Antiguo Testamento que entonces estaban completos y los conservaron durante su cautiverio. Al parecer, la familia de Hilcías conservó las Escrituras redescubiertas y las transmitió de generación en generación.

El bisnieto de Hilcías, Esdras, llevaba consigo un ejemplar de las Escrituras cuando regresó con los cautivos liberados a Jerusalén. Se le conocía como un hombre de la Palabra (Esdras 7.10 y Nehemías 8.1-3).

ORA:

Sí, Señor, quiero decirte «¡Gracias!» por preservar todos y cada uno de los libros de la Biblia. Incluso en los peores momentos, utilizaste a Hilcías y Esdras de manera extraordinaria.

Cómo experimentar las perspectivas y recompensas de la Biblia

Lee Colosenses 3.1-17

VERSÍCULO CLAVE:

Que el mensaje de Cristo los llene con toda su riqueza y sabiduría.
Colosenses 3.16 BLPH

ENTIENDE:

- ¿Cuál es la mayor diferencia entre un cristiano y un ateo cuando estudian la Biblia?
- ¿Cuándo puede un cristiano ver más en las Escrituras?

APLICA:

¡Enhorabuena por hacer los siete primeros estudios bíblicos! ¿Recuerdas el sentimiento que te embarga cuando ves un lugar de belleza deslumbrante por primera vez? Cuando estudias la Biblia, quieres hacerlo con los ojos espirituales bien abiertos. ¿Cómo se hace eso?

Primero, acude a Dios en oración. Puedes adorar a Dios, darle gracias por su Palabra, y luego pedirle que elimine cualquier cosa que nuble tu corazón y tu mente mientras lees y estudias la Biblia.

En segundo lugar, pídele a Dios que te ilumine con el Espíritu Santo mientras lees cada pasaje de la Escritura. Puedes leer el mismo pasaje de la Biblia dos, tres, cuatro o más veces y seguir haciendo nuevos descubrimientos con cada nueva lectura.

En tercer lugar, acércate a la Biblia con un claro sentido de expectación, determinación y perseverancia. Quieres mirar de cerca las Escrituras. El objetivo es descubrir más y más lo que dice la Palabra.

No haces un repaso superficial, como si echaras un miraras por encima tu cuarto a ver dónde están tus zapatos. No, miras atentamente la Palabra de Dios. ¡Qué asombrosas perspectivas y recompensas te tiene reservadas para los próximos días!

ORA:

Sí, Señor, quiero decirte «¡Gracias!» por las perspectivas y recompensas de leer y estudiar la Biblia. Estoy deseando ver lo que tienes reservado para mí en los próximos días.

El estudio de la Biblia no es demasiado difícil

Lee Deuteronomio 29.9-30.16

VERSÍCULO CLAVE:

Lo secreto pertenece al Señor nuestro Dios, pero lo revelado nos pertenece a nosotros y a nuestros hijos para siempre, para que obedezcamos todas las palabras de esta ley.
Deuteronomio 29.29 NVI

ENTIENDE:

- ¿Qué traducciones de la Biblia has usado?
- ¿Qué traducción de la Biblia le parece más fácil de entender?

APLICA:

Hay quien dice que leer y estudiar la Biblia es demasiado difícil. No, ¡nada más lejos de la realidad!

Si Moisés estuviera aquí, sacudiría la cabeza y preguntaría: «¿Las bendiciones de Dios son solo para la élite?». Todo lo contrario, en Deuteronomio 29.29, dice que lo que Dios ha revelado en las Escrituras pertenece a todos, incluidos tus hijos. Es cierto que la Biblia no contiene todo lo que Dios sabe, ¡ni mucho menos! Pero la Escritura es todo lo que Él ha dado a la humanidad, es eterna, y está diseñada como un imperativo divino para la acción. (*Hacer* es la palabra clave).

Unos párrafos antes, en Deuteronomio 29.9-15, Moisés dijo que la persona que conoce, respeta, conserva y sigue cuidadosamente la Palabra de Dios prosperará en todo lo que haga. No necesitas un título teológico para leer, entender y aplicar la Biblia a tu vida.

Unos párrafos más adelante, en Deuteronomio 30.11-16, Moisés dice que la Palabra de Dios es lo suficientemente clara como para que cualquiera pueda entenderla y obedecerla, y cosechar las bendiciones de Dios en todos los ámbitos de la vida.

La realidad es que la Biblia está disponible en varias traducciones maravillosas, precisas y fáciles de leer. Las traducciones no son nada nuevo. Jesús y los apóstoles leían y citaban la traducción griega de las Escrituras hebreas, ya que el griego era la lengua común de su época.

Ahora más que nunca, las Escrituras están al alcance de todos, ¡incluido tú!

ORA:

Sí, Señor, quiero decirte «¡Gracias!» por diseñar la Biblia y hacer estudios bíblicos para que ambas cosas estén al alcance de personas como yo. Estoy motivado para seguir adelante porque quiero cosechar tus bendiciones en cada área de mi vida. Ayúdame a reconocer cada una de esas bendiciones en los próximos días y semanas.

Excusas para no estudiar la Biblia

Lee Mateo 15.1-20

VERSÍCULO CLAVE:

Luego Jesús llamó a la multitud para que se acercara y oyera. «Escuchen—les dijo—, y traten de entender».
MATEO 15.10 NTV

ENTIENDE:

- ¿Hasta qué punto las cuestiones personales pueden influir o enturbiar pueden la comprensión que un hombre tiene de la Palabra de Dios?

- ¿Hasta qué punto estás dispuesto a creer lo que Jesús dice?

APLICA:

¿Qué excusas dan los hombres para no estudiar la Biblia?

1. «Nadie estudia la Biblia». Lo cierto es que uno de cada cinco adultos de nuestro país dice que lee y estudia la Biblia con regularidad. Si no conoces a nadie que lo haga, pregunta por ahí. Si alguien a quien preguntes dice que no estudia la Biblia, pregúntale si le gustaría estudiarla contigo. No te sorprenda si hay varios que te dicen que sí. Cuando lo hagan, anímalos a comprar este libro y a leerlo contigo.

2. «No tengo tiempo para estudiar la Biblia». Es

como decir que no tienes tiempo para comer, beber o dormir. ¿Está dispuesto a dedicar cinco minutos diarios a leer y estudiar las Escrituras? Si es así, en tres meses terminará todos los estudios bíblicos de este libro. ¡Se puede!

3. «La Biblia está llena de errores». En realidad, el error está en pensar así. La Biblia es totalmente exacta y digna de confianza.

4. «Me hace sentir culpable». Esta es una excusa honesta. Es verdad, pero es importante tener en cuenta que el propósito de Dios no es hacerte sentir culpable. En cambio, en Salmos 119.9-11 dice que la Escritura te mantiene puro. En Juan 15.3 y 17.17, Jesús reiteró la verdad de que la Palabra de Dios te hace santo.

Al fin y al cabo, no hay excusa para no estudiar la Biblia, ¡y hay muchas razones para sí hacerlo!

ORA:

Sí, Señor, quiero decir no a todas y cada una de las excusas que puedan tentarme a dejar de leer y estudiar tu Palabra. En lugar de eso, hoy vuelvo a decirte sí a ti.

Revelaciones naturales y sobrenaturales

Lee Tito 1.1-2.15

VERSÍCULO CLAVE:

Para enseñarles a conocer la verdad que les muestra cómo vivir una vida dedicada a Dios. Esta verdad les da la confianza de que tienen la vida eterna, la cual Dios—quien no miente—les prometió antes de que comenzara el mundo.

TITO 1.1-2 NTV

ENTIENDE:

- ¿Qué clase de revelación general valoras más?
- ¿Qué clase de revelación especial valoras más?

APLICA:

Es habitual preguntarse: «¿Qué más nos ha dado Dios aparte de la Biblia?». Afortunadamente, Dios ha elegido revelarse de muchas maneras. *Las revelaciones generales* son la revelación que Dios hace de sí mismo a todos los hombres a través de *medios naturales*. Aquí tienes cinco ejemplos:

- La creación (Romanos 1.18-21). ¿Por qué existe un universo en orden?
- La preservación (Colosenses 1.17). ¿Por qué no se desmorona todo?
- La providencia (Hechos 14.17). ¿Por qué le pasan

cosas buenas a la gente mala?

- Conciencia (Romanos 2.15). ¿Por qué tenemos un sentido del bien y del mal?
- Razón (Hechos 17.16-34). ¿Qué cosas son «evidentes» en el Dios desconocido?

Revelaciones especiales son las revelaciones que Dios hace de su mensaje por *medios sobrenaturales* a algunos para toda la humanidad. Aquí tienes cinco ejemplos:

- Teofanías, o apariciones especiales del Señor (Génesis 18.1-2). El Señor se reveló en forma de hombres y ángeles.
- Visiones (1 Samuel 3.1-4 y Hechos 16.9). El Señor habla en sueños y en apariciones angélicas.
- Jesucristo (Juan 1.1-18 y Hebreos 1.1-2). Dios habló a través de su Hijo.
- Profecías (1 Reyes 17.1 y Tito 1.1-3). El Señor habló a los profetas, dando mensajes verbales a Israel y a las naciones.
- Inspiración (2 Timoteo 3.16-17 y 2 Pedro 1.20-21). El Señor ordenó a los profetas y apóstoles que escribieran ciertos mensajes.

Tal vez tengas envidia de los que recibieron revelaciones especiales del Señor. Sin embargo, eres más privilegiado que la gente de cualquier otra época, porque tienes libre acceso a toda la Palabra de Dios.

ORA:

Sí, Señor, quiero decir «¡Guau!» por las recompensas que experimento al seguir leyendo y estudiando tu Palabra.

Verdades simples y complejas

Lee Isaías 55.1-13

VERSÍCULO CLAVE:

*Cuanto se alza el cielo sobre la tierra,
así se alzan mis proyectos sobre los de ustedes,
así superan mis planes a sus planes.*
Isaías 55.9 BLPH

ENTIENDE:

- ¿Recuerdas el listín telefónico? Un millón de datos, pero ninguno que pueda cambiar tu vida.
- La Biblia tiene más de 31.100 versículos. ¿Cuántos pueden cambiar tu vida?

APLICA:

La Biblia es más verdadera que cualquier otro libro. La Biblia fue escrita por Dios. Nunca *quedará obsoleta.* Tu fe en la Biblia se basa en que Dios *siempre* dice la verdad. Es un libro de *hechos dignos de confianza sobre realidades eternas.*

Al examinar cómo veían Jesús y los apóstoles el Antiguo Testamento, uno llega a comprender que creían que las Escrituras no son solo una revelación *que viene de* Dios, sino también una revelación *acerca de* Dios. Aceptaban los hechos de la Biblia tal como eran y luego veían las implicaciones espirituales de sus importantes verdades.

En la Biblia hay dos tipos de hechos: *verdades simples* (hechos fáciles de entender) y *verdades complejas* (hechos que exceden tu comprensión). Nunca alcanzarás las profundidades de las verdades complejas de la Biblia. Los pensamientos de Dios superan con creces la capacidad mental de *toda* la humanidad junta (Isaías 55.8-9).

No es de extrañar que Dios no tenga intención de decírtelo todo (Deuteronomio 29.29). También es ridículo pensar que puedes aportar ni el más mínimo átomo de verdad a lo que Dios ha sabido desde antes del principio de los tiempos (Romanos 11.33). Él es Dios. ¡Tú no!

En los próximos días, veremos cómo disfrutar y beneficiarnos aún más de la lectura y el estudio de las Escrituras.

Haciendo preguntas.

Señalando hechos concretos.

Tomándole la palabra a Dios.

ORA:

Sí, Señor, quiero decirte «¡Gracias!» por ser quien eres. Tú eres el Señor, Creador del cielo y de la tierra. Tus caminos son infinitamente más altos que los míos. ¡Confío en ti!

El valor de las preguntas

Lee Juan 1.19-42

VERSÍCULO CLAVE:

Al ver que lo seguían, les preguntó:
—¿Qué buscan?
Ellos contestaron:
—Rabí (que significa «Maestro»), ¿dónde vives?
JUAN 1.38 BLPH

ENTIENDE:

- En el versículo clave anterior, ¿quiénes son los que lo seguían?
- En ese mismo versículo, ¿qué hace Jesús justo antes de plantearles una pregunta?

APLICA:

Cuando leas y estudies la Biblia, recuerda que hasta los detalles más insignificantes (por ejemplo, el nombre de una persona) suelen tener un trasfondo espiritual.

Aquí es donde te conviertes en un reportero implacable. Saca tu carné de prensa y prepárate para una serie de preguntas dignas del mejor periodista. Puedes preguntar *¿Quién? ¿Cómo? ¿Cuándo? ¿Dónde? ¿Por qué?* y *¿Cómo?* una y otra vez mientras lees y estudias la Palabra de Dios.

No te harás todas estas preguntas cada vez que leas un versículo. Pero puedes hacer las preguntas más pertinentes que se te ocurran después de leerlo.

Si preguntas muchas veces *¿Quién? ¿Cómo? ¿Cuándo?*

¿Dónde? ¿Por qué? y *¿Cómo?*, te haces una idea mucho mejor de lo que dice cualquier pasaje de las Escrituras. También te haces una idea de lo que *no dice* y de lo que aún no estás seguro de que diga.

La emocionante noticia que tienes a lo largo de toda la Biblia es que Dios promete bendecir al hombre que lee su Palabra, la contempla con atención, la interpreta correctamente, la personaliza y la aplica a su vida. ¡Sé tú ese hombre!

ORA:

Sí, Señor, quiero decirte «¡Gracias!» por pedirme que involucre mi cerebro y me haga muchas preguntas al leer la Biblia. Ya no iré más en piloto automático.

Mira con atención, pero eso no es todo

Lee Salmos 49.1-20

VERSÍCULO CLAVE:

*Pero a mí Dios va a rescatarme
de la garra del reino de los muertos,
sí, él me llevará consigo.* [Pausa]
SALMOS 49.15 BLPH

ENTIENDE:

- En Números 16.31-32, ¿qué terrible juicio recibió Coré?
- ¿Qué lecciones aprendieron los hijos de Coré de la muerte de su padre?

APLICA:

Puede ser tentador pensar que es bastante fácil discernir los hechos de un pasaje de las Escrituras. A menudo es así, pero no siempre.

Es cierto que el salmo 49 no es uno de los salmos más fáciles de leer. Razón de más para bombardear cada versículo con tantas preguntas como sea posible, ¿no? Solo en los seis primeros versículos se pueden plantear 145 preguntas. De esas 145 preguntas, solo 24 pueden responderse observando el contenido a primera vista. Las otras 121 preguntas requieren respuestas interpretativas. (¡Afortunadamente, esas respuestas existen!)

La clave que hay que recordar es que el objetivo del estudio de la Biblia no es simplemente examinar con atención cada pasaje de las Escrituras. Santiago 1.25 nos recuerda: «Mas el que mira atentamente en la perfecta ley, la de la libertad, y persevera en ella, no siendo oidor olvidadizo, sino hacedor de la obra, este será bienaventurado en lo que hace».

No hay nada que sustituya la importancia de que el Espíritu Santo ilumine tu corazón y tu mente. Jesús envió al Espíritu a morar en cada cristiano por esa precisa razón. El mayor deseo del Espíritu Santo es hacer que la Palabra de Dios cobre vida dentro de ti para que puedas amar de todo corazón al Señor, adorarle y hacer lo que Él dice.

ORA:

Sí, Señor, quiero decirte «¡Gracias!» porque la Biblia es un todo increíblemente cohesionado, no una miscelánea de partes inconexas. Puedo aprender mucho de ella.

Dios habla en serio

Lee Deuteronomio 18.1-22

VERSÍCULO CLAVE:

Moisés siguió diciendo: «El Señor su Dios les levantará un profeta como yo de entre sus hermanos israelitas. A él tendrán que escucharlo».
Deuteronomio 18.15 ntv

ENTIENDE:

- Basándose en Hechos 3.22-23, ¿quién es el «profeta como yo»?
- Basándose en Hechos 7.37, ¿quién es el «profeta como yo»?

APLICA:

Afortunadamente, no hay ningún código secreto ni ninguna fórmula para entender la Biblia. El libro más vendido del mundo está escrito para que las personas que lo escuchan o lo leen puedan entender lo que Dios les está diciendo. Sí, es posible malinterpretar las Escrituras, los hombres lo han hecho desde el primer momento. ¡Aun así, el Señor quiere que *sepas* lo que Él está diciendo!

La «regla de oro» de la interpretación bíblica dice que Dios no trata de confundirnos. Lo mismo se puede decir de Moisés, David, Esdras, Malaquías, Mateo, Marcos y los demás escritores bíblicos. Ellos esperaban que los oyentes y lectores entendieran el significado de lo que escribieron.

Es cierto que quizás no lo captes todo a la primera. Por

eso disfrutas escuchando de nuevo una canción favorita, por eso estás deseando ver la repetición de un juego deportivo y por eso te detienes a releer algo profundo.

Dado que Dios no pretende engañar a nadie, cuando leas las Escrituras no debes intentar «descifrarlas». A menos que haya una razón de peso, deberías aceptar tal cual los hechos que la Biblia expone y abrazar el significado normal de sus verdades.

ORA:

Sí, Señor, quiero decirte «¡Gracias!» por diseñar la Biblia como la diseñaste. Tú no intentas confundirme. Eso significa mucho.

Lo que Dios quiere decir

Lee Juan 8.12-36

VERSÍCULO CLAVE:

Así que, si el Hijo los libera, serán ustedes verdaderamente libres.
JUAN 8.36 NVI

ENTIENDE:

- Según Juan 14.6, ¿quién es la verdad?
- ¿Cómo nos hace libres?

APLICA:

Como cualquier gran escritor, Dios tenía en mente hechos y verdades específicas para cada versículo de las Escrituras. La pregunta importante no es ¿qué me dice esto a *mí*? La pregunta que quieres hacer es, ¿qué quiso decir *Dios*?

Tomemos la famosa afirmación de Jesús: «La verdad os hará libres» (Juan 8.32). Uno podría llegar a una docena de conclusiones erróneas a partir de ese versículo. Pero al final, no importa lo que quieras que signifique ese versículo.

Si te consideras un intelectual, quizá quieras que «La verdad os hará libres» signifique que cuanto más sepas y aprendas, mejor te irá la vida. Si te consideras un hedonista ilustrado, tal vez quieras que signifique que eres libre de hacer lo que quieras cuando quieras siempre que no hagas daño a nadie. Pero estas malas interpretaciones populares no corresponden con lo que Jesús estaba diciendo.

Cuando lees y estudias la Biblia, querrás seguir preguntándote: *¿Qué quiso decir Dios con esta afirmación?* Si no estás seguro, ¡no pasa nada! Escriba tus preguntas y más tarde busca las respuestas en una Biblia de estudio o en un buen comentario bíblico.

Estudiar la Biblia no es cuestión de cuál es *tu* interpretación. En realidad, lo que quieres es abrazar la clara interpretación que la iglesia tiene de las Escrituras.

ORA:

Sí, Señor, quiero decirte «¡Gracias!» porque Tú quieres que yo sepa lo que Tú quisiste decir con cada capítulo, párrafo y versículo de las Escrituras. Eso es lo que quiero saber.

La propia Biblia responde a muchas preguntas

Lee Jonás 1.1-2.10

VERSÍCULO CLAVE:

*Pero yo te ofreceré sacrificios con cantos de alabanza,
y cumpliré todas mis promesas.
Pues mi salvación viene solo del Señor.*
Jonás 2.9 ntv

ENTIENDE:

- ¿Te resulta fácil o difícil creer en lo que dice el pasaje de hoy?
- ¿Qué te lo hace fácil o difícil?

APLICA:

Si no tienes una Biblia de estudio, ¡es hora de comprar una! Si te encuentras con varias preguntas difíciles, también puedes pedir permiso a tu pastor para pasar por su despacho y buscar las respuestas en sus comentarios.

Sin embargo, no todos los comentarios bíblicos son iguales. De hecho, algunos de ellos atacan la fe cristiana. Si estás leyendo un comentario que no (1) adora a Dios, (2) alaba al Señor Jesucristo ni (3) muestra un profundo respeto por la Palabra de Dios, ¡déjalo cuanto antes y busca uno mejor!

Ni siquiera los mejores comentaristas de la Biblia tienen todas las respuestas, ni mucho menos. No todas las afirmaciones de las Escrituras son claras. Algunos textos son tan poéticos que es difícil saber qué significa el versículo o el párrafo. Dicho esto, a menudo, cuando sigues leyendo y estudiando las Escrituras, te das cuenta de que ahí está la respuesta a alguna de tus preguntas.

Haz todo lo posible por descubrir lo que *Dios* quiere que sepas. La mayoría de las respuestas están en su Palabra. Sin embargo, al final está bien hacer una lista de tus preguntas sin respuesta. En algunos casos, tendrás que esperar hasta el cielo para preguntarles a Moisés, David, Daniel o Pablo: «¿Qué querías decir con esto?» o «¿Qué querías decir con aquello?». ¡Imagínate lo maravilloso que será!

ORA:

Sí, Señor, quiero decirte «¡Gracias!» porque puedo tener varias Biblias, incluida una con notas de estudio detalladas para ayudarme a entender y aplicar más fácilmente tu Palabra. Y «¡Gracias!» por motivarme para usar este libro con ese fin.

Segunda capa ocasional de significado

Lee Salmos 22.1-18

VERSÍCULO CLAVE:

*Se reparten mi vestimenta entre ellos
y tiran los dados por mi ropa.*
SALMOS 22.18 NTV

ENTIENDE:

- ¿Qué versículos de la lectura bíblica de hoy te recuerdan el día en que Jesús fue crucificado?
- ¿Qué versículos se aplican probablemente solo a las angustiosas circunstancias de David?

APLICA:

Como cualquier gran escritor, Dios añadió ocasionalmente una importante segunda capa de significado a una palabra, frase, oración o sección extensa de las Escrituras. Pero esa segunda capa de significado siempre se basa en el significado primario, y nunca lo contradice.

En el Antiguo Testamento, se observa una capa secundaria de significado con mayor frecuencia en los pasajes que anticipan la venida del Mesías, Jesucristo. Afortunadamente, el propio Jesús les indicó muchos de estos pasajes a sus discípulos después de su resurrección (Lucas 24.26-27). Los apóstoles estudiaron con diligencia las Escrituras hebreas después de la ascensión de Jesús (Hechos 1.15-22). El apóstol Pablo también lo hizo después de su conversión (Hechos 9.20-22).

Si crees que un versículo concreto del Antiguo Testamento puede tener un significado secundario, ¡estupendo! Escribe tu pregunta y luego busca la respuesta en tu Biblia de estudio o en un buen comentario.

Solo hay que tener cuidado de que cuando lees la Biblia no pases demasiado tiempo preocupado por encontrar posibles capas de significado secundario. A menos que algo salte a la vista, mantén tu atención en lo principal que Dios quiso decir en ese pasaje.

ORA:

Sí, Señor, quiero decirte «¡Gracias!» por las muchas maneras en que las Escrituras del Antiguo Testamento dirigen la mirada hacia tu Hijo y mi Señor y Salvador, Jesucristo. ¡Él es el verdadero héroe!

Las figuras retóricas tienen un significado conocido

Lee Juan 15.1-17

VERSÍCULO CLAVE:

Yo soy la vid verdadera, y mi Padre es el labrador.
JUAN 15.1 NTV

ENTIENDE:

- En los cinco primeros libros del Antiguo Testamento, Dios prometió recompensar a su pueblo por hacer algo. Entre las bendiciones se mencionan viñas fructíferas. ¿Qué crees que quería que hicieran?

- En la segunda mitad del Antiguo Testamento, Dios comparó a su pueblo con viñas a punto de ser totalmente destruidas. ¿Qué crees que hicieron para merecer un juicio tan severo?

APLICA:

Como cualquier gran escritor, Dios utilizó la hipérbole, el símil, la metáfora y otras figuras retóricas tanto en el Antiguo como en el Nuevo Testamento. No es de extrañar que, durante su tiempo en este mundo, el Señor Jesús usaba a menudo figuras retóricas cuando hablaba a las multitudes.

Es cierto que las figuras retóricas a veces confunden a los oyentes y los lectores. Pero son difíciles de olvidar y a menudo hacen que los lectores se detengan y se pregunten:

¿Qué quiso decir Jesús con eso? Afortunadamente, sus figuras retóricas casi siempre tienen un significado conocido.

Si encuentras en la Biblia una figura retórica que no has oído antes, búscala en tu diccionario en línea favorito. Muchas figuras retóricas de nuestro idioma tienen raíces bíblicas. Si eso no funciona, búscala en tu Biblia de estudio.

Aquí tienes cinco figuras retóricas famosas del Evangelio de Mateo:

- «Venid en pos de mí, y os haré pescadores de hombres» (4.19).
- «Vosotros sois la sal de la tierra» (5.13).
- «Porque vino Juan, que ni comía ni bebía...» (11.18).
- «Es más fácil pasar un camello por el ojo de una aguja, que entrar un rico en el reino de Dios» (19.24).
- «¡Ay de vosotros, escribas y fariseos, hipócritas! porque sois semejantes a sepulcros blanqueados» (23.27).

ORA:

Sí, Señor, quiero decir «¡Gracias!» por tu creatividad al diseñar el lenguaje. Esto hace que tu Palabra sea aún más interesante, provocativa y transformadora.

El rico vocabulario de la Biblia

Lee 1 Samuel 15.10-35

VERSÍCULO CLAVE:

Jehová se arrepentía de haber puesto a Saúl por rey sobre Israel.
1 Samuel 15.35

ENTIENDE:

- Esperas que mañana haga mejor tiempo. ¿En qué se diferencia esta «esperanza» de la del Nuevo Testamento?
- Mirando atrás en tu vida, es probable que tengas «remordimientos». ¿En qué se diferencia eso de cuando la Biblia dice que Dios «se arrepintió» de algo?

APLICA:

Como todo gran escritor, Dios utilizó un rico vocabulario. No es de extrañar, pues, que la Palabra de Dios amplíe el vocabulario del más ávido lector.

Es importante recordar que el autor bíblico determina el significado de una palabra determinada. ¿Qué quiere decir la Biblia cuando cuenta que Dios «se arrepintió»? Por supuesto, esa palabra tiene más de un significado. Un buen diccionario puede dar cinco posibles definiciones. Por otra parte, la Biblia puede añadir un sexto significado.

La buena noticia es que puedes usar un diccionario universitario estándar para buscar el significado de la mayoría de las palabras de la Biblia. Aun así, es posible que te encuentres con algunas palabras que solo aparecerán en un diccionario caro.

Si es así, comprueba si tu Biblia de estudio te da el significado. Lee también el mismo versículo en una o dos traducciones contemporáneas. Incluso puedes buscar la palabra en BibleGateway.com. Puede darte una lista de otros versículos —en una o más traducciones de la Biblia— que usan esa misma palabra.

ORA:

Sí, Señor, quiero decirte «¡Gracias!» por tu infinita sabiduría y tu habilidad con las palabras. Gracias por los muchos recursos que tenemos para entender mejor tu Palabra.

Nuevos usos para viejas palabras

Lee Efesios 3.1-11

VERSÍCULO CLAVE:

Es decir, que los no judíos son, junto con Israel, beneficiarios de la misma herencia, miembros de un mismo cuerpo y participantes igualmente de la promesa en Cristo Jesús mediante el evangelio.
EFESIOS 3.6 NVI

ENTIENDE:

- ¿A qué crees que se refería Charles Dickens cuando dijo bromeando: «La vida de Shakespeare es un gran misterio»?
- ¿A qué crees que se refería el apóstol Pablo cuando usó la palabra misterio?

APLICA:

Al igual que William Shakespeare, Mark Twain y Ernest Hemingway, Dios a veces elige usar una palabra antigua de una manera nueva. Esto se ve en las cartas de Pablo en el Nuevo Testamento.

Pablo usó con frecuencia la palabra *misterio*. Esa palabra ya tenía varias definiciones. Si buscas todos los usos que Pablo hace de la palabra, descubrirás que se refería a las nuevas revelaciones que Dios había dado a los apóstoles a través de Jesucristo y del Espíritu Santo.

Una de esas nuevas revelaciones es el «misterio» de que Dios diseñó la iglesia para que la integraran personas de *todas* clases: judíos y gentiles (es decir, no judíos), hombres y mujeres, esclavos y libres.

En otras palabras, Dios quiere que todos se conviertan de sus pecados, se vuelvan a Dios, confíen en Jesucristo, y así se conviertan en miembros de la iglesia, que integra a todos los que son verdaderos cristianos. Puede que hoy lo demos por sentado, pero hace 2.000 años era una idea totalmente nueva.

ORA:

Sí, Señor, quiero decirte «¡Gracias!» por las muchas maneras en que el Nuevo Testamento revela el poder transformador del evangelio de Jesucristo. Esa Buena Nueva ha cambiado mi vida aquí y ahora, y para la eternidad.

Palabras ocasionalmente llenas de fuerza

Lee Gálatas 3.1-14

VERSÍCULO CLAVE:

Y la Escritura misma, previendo que Dios restablecería en su amistad a todas las naciones mediante la fe, anunció de antemano a Abrahán esta buena noticia: Todas las naciones serán bendecidas por medio de ti.
GÁLATAS 3.8 BLPH

ENTIENDE:

- A veces, una sola palabra, como «comunión», requiere una o dos frases para definirla. ¿Por qué?

- A veces, para definir una palabra bíblica, como «evangelio», hacen falta dos o tres frases. ¿Por qué?

APLICA:

A veces, los escritores bíblicos optaban por cortar y pegar partes de palabras antiguas para crear una palabra nueva. No es sorprendente ver esto en el Antiguo Testamento y en las cartas de Pablo.

En Gálatas 3.8, Pablo usa una palabra que en griego junta las palabras «antes» y «evangelio». Esta palabra compuesta no se encuentra en ninguna otra parte de la Biblia. Eso no significa que la iglesia primitiva no la usara.

Si lo buscas en tu Biblia, descubrirás que este término compuesto significa «predicó el evangelio de antemano». Para comunicar ese concepto de forma resumida, Pablo usó lo que pudo haber sido una palabra nueva para muchos de sus lectores. Era su forma abreviada de decir mucho en un solo término lleno de fuerza.

Si buscas bien, solo encontrará un puñado de palabras bíblicas en las que los traductores hayan tenido que añadir una nota a pie de página que diga: «No sabemos con seguridad qué significa esta palabra». Muchas de estas palabras son términos musicales hebreos.

Hay una palabra sin definir que aparece con frecuencia en la Biblia, y casi exclusivamente en un libro. Es la palabra *selah*, que aparece en el texto de treinta y nueve salmos. Los traductores han dado varios significados posibles para *selah*. Siempre que te encuentres con esta palabra, asume que significa: «Piensa en lo que Dios está diciendo en este salmo. Presta atención. Ahora, ¡sigue leyendo!».

ORA:

Sí, Señor, quiero decirte «¡Gracias!» porque podemos entender el 99,99% de las palabras y frases de la Biblia en cualquier traducción contemporánea al español. Es asombroso.

¿Qué significa la Biblia?

Lee Génesis 4.1-16

VERSÍCULO CLAVE:

Caín hablaba con su hermano Abel, y cuando estaban en el campo, Caín se levantó contra su hermano Abel y lo mató.
GÉNESIS 4.8 RVR1960

ENTIENDE:

- Algunas traducciones añaden el título «Caín mata a Abel» antes del pasaje de hoy. ¿Por qué crees que se usa la palabra «mató» en el versículo clave de hoy?
- ¿Por qué crees que unas traducciones han usado la palabra «mató» y otras la palabra «asesinó» en el versículo clave de hoy?

APLICA:

Como cualquier gran escritor, Dios escribió cada palabra y versículo dentro de un contexto. No escribió de forma aleatoria y arbitraria. Dios ha comunicado con claridad el significado de la mayoría de las palabras y de prácticamente todas las frases y párrafos de un mismo capítulo, libro o sección de la Biblia. En muchos casos, con solo seguir leyendo puedes averiguar lo que Dios quiso decir si sigues leyendo.

Cuando no puedas entender una afirmación en su contexto inmediato, es posible que quieras examinar el contexto más amplio. En los Diez Mandamientos, Dios dijo: «No matarás» (Éxodo 20.13 y Deuteronomio 5.17). ¿Significa «No mates ninguna forma de vida»? No. El contexto más amplio es claro. ¿Significa que «Dios está en contra de toda forma de quitar una vida, incluidas la guerra y la pena capital»? No. Este mandamiento dice que va contra la ley de Dios que un individuo mate con malicia a otro ser humano. El contexto más amplio llega incluso a decir qué hacer si alguien mata accidentalmente a otro ser humano.

En los evangelios, Jesús declaró: «Yo soy el pan de vida» (Juan 6.35). Sin siquiera estudiar el contexto, sabes que Jesús estaba usando una figura retórica. Toda figura retórica tiene un significado conocido. Puedes entender ese significado leyendo las palabras de Jesús en su contexto. El contexto inmediato te hace entender que Jesús estaba diciendo, en efecto: «He venido de Dios para ofrecerles vida nueva y eterna. Pueden recibir esa vida creyendo en mí».

ORA:

Sí, Señor, quiero decir «¡Gracias!» porque la Biblia responde a la mayoría de las preguntas que me puedo plantear. Por eso quiero seguir leyéndola y estudiándola. Cuantas más preguntas formule, mejor.

José y los sueños inspirados por Dios

Lee Génesis 37.1-26

VERSÍCULO CLAVE:

*Al poco tiempo José tuvo otro sueño y de nuevo se lo contó a sus hermanos.
—Escuchen, tuve otro sueño—les dijo—. ¡El sol, la luna y once estrellas se inclinaban ante mí!*
GÉNESIS 37.9 NTV

ENTIENDE:

- Cuando se habla de nuevas novelas y películas, ¿estás a favor o en contra de las alertas de *spoiler*?

- ¿Recuerdas la primera vez que leíste Génesis 37-50? Si es así, ¿qué es lo que más te sorprendió?

APLICA:

Al igual que Shakespeare, Twain y Hemingway, Dios a veces dice algo que no entiendes hasta más adelante en el libro. En Génesis 37, nos encontramos con José a los diecisiete años y enseguida se nos habla de dos sueños inspirados por Dios. Ambos tienen una interpretación sencilla que provoca el odio de sus hermanos, que venden a José como esclavo en Egipto. Los sueños de José quedan destruidos por completo. Es más, tras ser acusado falsamente de un terrible crimen, José pasa años en prisión.

Más de una década después, dos compañeros de prisión de José le cuentan sus sueños. Los sueños parecen similares, pero José los interpreta de dos maneras muy distintas. Dos años más tarde, José es llamado ante el faraón para interpretar dos sueños muy inquietantes.

Este motivo del sueño continúa hasta llegar al clímax de la historia de José en Génesis 45. Al final, temblorosos e inclinándose ante el hombre que era la mano derecha del faraón de Egipto, temiendo por sus vidas, los hermanos de José reciben la noticia más impactante. Los sueños de adolescencia de José se habían hecho realidad ante sus propios ojos.

Como todo gran libro, la Biblia está hecha para ser leída y releída. Mejor aún, piensa que es como ver una de tus películas favoritas de siempre. ¿Recuerdas todos los momentos «¡ajá!» que tuviste la segunda vez que viste la película? Si sigues fijándote en el contexto, también puedes tener momentos de «¡ajá!» cada vez que leas y estudies un pasaje concreto de las Escrituras.

ORA:

Sí, Señor, quiero decirte «¡Gracias!» por el poder dinámico de tu manera de narrar grandes partes de las Escrituras, tanto en el Antiguo como en el Nuevo Testamento.

Dios quiso que en la Biblia hubiera repetición

Lee Hebreos 1.1-2.4

VERSÍCULO CLAVE:

Dios habló en otro tiempo a nuestros antepasados por medio de los profetas, y lo hizo en distintas ocasiones y de múltiples maneras.
Hebreos 1.1 BLPH

ENTIENDE:

- Un viejo proverbio latino dice: «La repetición es la madre del aprendizaje». ¿A qué crees que se debe?
- Cuando lees los Evangelios, ¿qué piensas de los relatos paralelos de las enseñanzas y milagros de Jesús?

APLICA:

Como cualquier gran escritor, Dios escribió más de una obra. Dado que la Biblia es una colección de sesenta y seis libros inspirados por Dios con un tema y un propósito unificados, vale la pena dedicar tiempo a comparar un pasaje bíblico con otros pasajes relacionados.

Muchas Biblias de estudio ponen referencias cruzadas para cualquier versículo. En las referencias cruzadas vemos cómo otros versículos abordan el mismo tema. Además, la mayoría de las Biblias de estudio te avisan siempre que hay un pasaje paralelo al que estás leyendo. Por ejemplo:

- Verás que en Deuteronomio Moisés repite muchos de los acontecimientos y leyes del Éxodo, Levítico y Números.
- Muchos de los sucesos de 1 y 2 Samuel y 1 y 2 Reyes se repiten desde una perspectiva diferente en 1 y 2 Crónicas.
- Encontrarás muchas citas directas e indirectas del Antiguo Testamento en todo el Nuevo Testamento. Muchos muestran que Jesús es el Mesías prometido.
- Encontrarás cómo varios milagros y enseñanzas de Jesús se abordan desde diferentes perspectivas en dos o tres evangelios.
- Encontrarás una serie de enseñanzas e instrucciones de los apóstoles que se tratan desde diferentes perspectivas en varias cartas del Nuevo Testamento.

La buena noticia es que cuanto más tiempo dediques a entender bien las Escrituras, más fácil te resultará. Dios lo diseñó así.

ORA:

Sí, Señor, quiero decirte «¡Gracias!» por darme a conocer los temas importantes de las Escrituras repitiéndolos y expresándolos de tantas maneras diferentes.

¿Cuán grande es Dios?

Lee Génesis 1.1-31

VERSÍCULO CLAVE:

*Y los bendijo Dios diciéndoles:
«Sean fecundos y multiplíquense;
llenen la tierra y sométanla;
dominen sobre los peces del mar,
sobre las aves del cielo
y sobre todos los reptiles
que se arrastran por el suelo».*
GÉNESIS 1.28 BLPH

ENTIENDE:

- ¿Qué nos dice el primer capítulo de la Biblia sobre Dios?
- ¿Qué nos dice sobre la humanidad?

APLICA:

La Palabra de Dios es relevante para todos los hombres, en todas partes y en todo momento. Según 2 Timoteo 3.16-17, toda la Escritura es inspirada por Dios y es útil, provechosa, beneficiosa, práctica y llena de recompensas para el que la estudia.

La Biblia contiene verdades, mandamientos y ejemplos que hablan directamente a tu corazón y a tu vida de hoy. Está llena de innumerables verdades asombrosas sobre Dios, tu vida y el futuro.

Sin embargo, a veces la clave está en decidir cómo estudiar la Biblia cuando uno se encuentra en una situación concreta. ¿Cuál es el problema? A menudo tienes prisa por saber qué camino tomar. Es mucho mejor reducir el paso y revisar el mapa que Dios te ha dado para la vida. Mejor aún, ¿por qué no trazar el rumbo con antelación? Al fin y al cabo, ¡el camino no se va a mover!

Es imposible encontrar diez palabras más poderosas que la frase inicial de la Biblia: «En el principio creó Dios los cielos y la tierra» (Génesis 1.1). Hablando de *¡genial!* En el sexto día creó al hombre (Génesis 1.26-27). Sin embargo, los milagros no son más que ondas expansivas de las palabras iniciales de Dios. ¡Y aún no ha terminado de hablar!

No importa a qué retos te enfrentes de aquí al cielo, Dios es lo suficientemente grande como para satisfacer tus necesidades. Él nunca dirá: «¡Vaya! Eso sí que es un problema. Esta vez te quedas solo».

ORA:

Sí, Señor, quiero decirte «¡Gracias!» de nuevo, porque con solo pronunciar la palabra puedes crear el universo entero. Sin embargo, tú nos conoces y te preocupas por nosotros. Me amas. Me siento pequeño y maravillado.

Dios es grande, bueno y misericordioso

Lee Efesios 1.1-14

VERSÍCULO CLAVE:

Nos predestinó para ser adoptados como hijos suyos por medio de Jesucristo, según el buen propósito de su voluntad.

EFESIOS 1.5 NVI

ENTIENDE:

- Según el versículo clave de hoy, ¿desde cuándo había planeado Dios adoptarte?
- Según el mismo versículo, ¿por qué planeó Dios hacer eso?

APLICA:

Es bueno recordar que, sean cuales sean los retos a los que te enfrentas, Dios, en su infinita y eterna grandeza, es lo suficientemente grande como para satisfacer tus necesidades. Insisto, Él nunca dirá: «Vaya, *eso* sí que es un problema. Esta vez te quedas solo».

Dios es grande y bueno. Nada de una segunda luna de miel en una remota isla del Pacífico Sur. No se puede pedir nada mejor que el Jardín del Edén (Génesis 2.8-25). Adán y Eva lo tenían. Sin embargo, el Paraíso es solo el primer acto de Dios. ¡Él guarda lo mejor para el final! Desde ahora hasta la eternidad, Dios siempre hará lo que es verdaderamente mejor para nosotros. Él nunca tendrá la tentación de decir: «Estoy cansado de tanta justicia. Me parece que voy a cambiar todas las reglas. ¡Cuidado, mundo!».

Es más, Dios es misericordioso. Es mucho más que salir libre de la cárcel. Nunca terminarías de agradecer lo suficiente a Dios por mostrar misericordia y prometer un REDENTOR. La paga del pecado del hombre fue la muerte (Romanos 6.23). Sin embargo, el perdón es solo el primer don de Dios. ¡Te ha prometido mucho más!

Siempre puedes contar con que Dios tiene reservado para nosotros mucho más que la salvación. Él siempre estará encantado de decir: «¿Puedo repetirte cuánto te amo? Me alegro mucho de que seas mi hijo».

ORA:

Sí, Señor, quiero decir «¡Gracias!» por tu increíble amor por mí. Es maravilloso. Yo también te amo.

Paz con Dios, con los demás y con tus circunstancias

Lee Filipenses 4.1-23

VERSÍCULO CLAVE:

Finalmente, hermanos, aprecien todo lo que sea verdadero, noble, recto, limpio y amable; todo lo que merezca alabanza, suponga virtud o sea digno de elogio.
FILIPENSES 4.8 BLPH

ENTIENDE:

- ¿Dónde estaba el apóstol Pablo cuando escribió su carta a la iglesia de Filipos?
- ¿Con qué frecuencia crees que Pablo había practicado lo que predicaba?

APLICA:

Sorprendentemente, las preguntas más sencillas son a veces las más profundas. Esto es sobre todo así cuando consideras lo que Dios tiene que decirte en su Palabra. Por desgracia, muchos cristianos creen que aplicar personalmente las Escrituras tiene que ser complicado. Nada más lejos de la realidad.

Aquí tienes seis preguntas sencillas pero profundas. Con ellas puedes convertir rápidamente el estudio ordinario de la Biblia en una experiencia transformadora. Cuando leas una frase, un versículo o un breve párrafo de las Escrituras, hazte estas tres preguntas.

- ¿Qué **V**erdades enseña este pasaje? ¿Las **A**firmas?

- ¿Qué **M**andamientos da el Señor? ¿Los **O**bedeces?

- ¿Qué **E**jemplos presenta este pasaje? ¿**H**aces caso de ellos?

Este es el **VA-MO, EH.** (Verdades que Afirmar, Mandamientos que Obedecer, Ejemplos a los que Hacer caso) para una lectura personalizada de las Escrituras. Funciona muy bien vivas donde vivas (México o Canadá, entre medio o en el extranjero) o cómo prefieras hablar (*vamo*, vamos, o *lets go*).

VA-MO, EH es el ingrediente secreto del estudio bíblico para hombres. Míralo como un frasco de tu picante favorito. En los próximos días, ¡prepárate para estudios bíblicos más sabrosos!

ORA:

Sí, Señor, quiero decir «¡Gracias!» por el VA-MO, EH que me ayuda a recordar. Mejor aún, gracias porque estos tres sencillos pares de preguntas me muestran rápida y fácilmente cómo aplicar tu Palabra a mi vida de hoy.

Juan 3.16 Verdades que Afirmar

Lee Juan 3.1-16

VERSÍCULO CLAVE:

Porque de tal manera amó Dios al mundo, que ha dado a su Hijo unigénito, para que todo aquel que en él cree, no se pierda, mas tenga vida eterna.

Juan 3.16

ENTIENDE:

- Imagina que pudieras compartir un versículo de la Biblia con todos tus conocidos. ¿Por qué Juan 3.16 sería una buena elección?

- ¿Qué otro versículo bíblico compartirías con todos tus conocidos?

APLICA:

Empecemos por preguntarnos: ¿qué verdades para afirmar enseña el famoso versículo clave de hoy? Si nos fijamos en el versículo en sí, descubriremos algunas verdades importantes:

- Dios ama al mundo.
- Dios te ama tanto que envió a su único Hijo.
- Todo el que cree en Él no perecerá.
- Todo el que cree en Él tendrá vida eterna.

Sin embargo, estas verdades básicas no te dicen todo lo que quieres saber. Si es tan importante creer en el Hijo único de Dios, ¿quién es? ¿Adónde fue enviado? ¿Y por qué? Afortunadamente, puedes contemplar este mismo versículo desde una perspectiva más informada del Nuevo Testamento, y luego afirmar cuatro verdades más:

- Dios ama al mundo (a todos, incluido tú).
- Dios te ama tanto que envió a su único Hijo (Jesucristo, que murió en una cruz romana en tu lugar por tus pecados).
- Todo el que cree en Él (Jesucristo) no perecerá (no permanecerá espiritualmente muerto aquí en la tierra ni después irá al infierno).
- Todo el que crea en Él (Jesucristo) tendrá vida eterna (gozará de vida espiritual aquí en la tierra y después irá al cielo).

No es de extrañar que Juan 3.16 sea el versículo más amado de todas las Escrituras.

Cuidado: No todas las verdades son iguales. Las Escrituras recogen con precisión mentiras descaradas, detalles históricos directos, ideas sobre el funcionamiento de la vida y verdades reveladas por Dios. La propia Biblia da más valor a estas últimas.

ORA:

Sí, Señor, quiero decirte «¡Gracias!» por estas ricas verdades que cambian la vida. No me sorprende que Juan 3.16 sea un versículo tan famoso y memorable.

Juan 3.16 Mandamientos que Obedecer

Lee Juan 3.16-21

VERSÍCULO CLAVE:

Porque tanto amó Dios al mundo que dio a su Hijo único, para que todo el que cree en él no se pierda, sino que tenga vida eterna.
Juan 3.16 NVI

ENTIENDE:

- ¿Qué verbos ves en el versículo clave de hoy?
- ¿Quién amó y dio? ¿Quién cree?

APLICA:

Ahora es el momento de preguntarse: ¿qué mandamientos da el Señor en el versículo clave de hoy para que los obedezca?

El versículo en sí no tiene ningún mandamiento, pero implica el mandamiento más importante que el Señor da en toda la Escritura. Es un mandamiento presente en todo el Nuevo Testamento, sobre todo en los escritos de Juan. El mandamiento implícito es este: *cree en Jesucristo*.

De nuevo, Juan 3.16 no establece una orden directa: «El Señor dice a todos, en todas partes, en todo momento: "Crean en mi Hijo único, Jesucristo"». Pero ese imperativo está incrustado en el núcleo del versículo en la frase «cree en Él».

Siempre que veas un verbo importante en las Escrituras, debes preguntarte: *¿este verbo implica un* *mandato bíblico? Si es así, ¿cuál es ese mandato?*

Si estás leyendo la Biblia por primera vez y solo has leído fragmentos aquí y allá, es posible que no puedas *ver* los mandamientos implícitos de las Escrituras. Con el tiempo, sin embargo, ¡los verás en todas las páginas!

Cuidado: No todos los mandamientos son iguales. Algunos son perpetuos, otros han caducado claramente y otros son para otra persona, no para ti.

ORA:

Sí, Señor, quiero decirte «¡Gracias!» por tocar mi corazón hace meses o años para que creyera en tu Hijo y mi Señor y Salvador, Jesucristo. ¡Sigo creyendo!

Juan 3.16 Ejemplos de los que Hacer caso

Lee Juan 3.16-36

VERSÍCULO CLAVE:

Pues Dios amó tanto al mundo que dio a su único Hijo, para que todo el que crea en él no se pierda, sino que tenga vida eterna.
JUAN 3.16 NTV

ENTIENDE:

- ¿Qué es lo mejor de hacer caso de los ejemplos de Dios?
- ¿Qué es lo más difícil de hacer caso de los ejemplos de Dios?

APLICA:

Por último, pero no por ello menos importante, cabe preguntarse: ¿qué ejemplos hay en este versículo de los que deba hacer caso?

En este versículo hay dos ejemplos importantes:

- Dios ama al mundo.
- Dios envió a su Hijo único.

¿Qué nos muestran estos ejemplos? El resto del Evangelio de Juan comunica otras dos verdades importantes:

- Así como Dios ama al mundo, tú debes amar a todas las personas, crean o no en Jesucristo.

- Así como Dios envió a su único Hijo, tú debes dar sacrificialmente para que otros puedan aceptar el amor de Dios, creer en Jesucristo y recibir la vida eterna.

Tras la resurrección y ascensión de Jesucristo, el propio apóstol Juan hizo caso de esos ejemplos y vivió fielmente conforme a ellos el resto de su vida. Son ejemplos dignos de imitar hoy y el resto de tu vida.

Cuidado: No todos los ejemplos son iguales. Algunos ejemplos son positivos, otros son negativos y otros no se aplican a tu caso.

ORA:

Sí, Señor, quiero decir «¡Gracias!» por tus increíbles demostraciones de amor sacrificado. En respuesta, quiero amarte más. Haz que descubra el secreto de amarte con todo mi corazón, mi alma, mis fuerzas y mi mente.

Qué hacer en caso de crisis

Lee Salmos 3.1-8

VERSÍCULO CLAVE:

*Muchos son, Señor, mis enemigos;
muchos son los que se me oponen.*
Salmos 3.1 nvi

ENTIENDE:

- ¿Crees que tus emociones alguna vez impresionan o sorprenden a Dios?
- ¿O te sientes libre de decirle a Dios cómo te sientes exactamente?

APLICA:

Con la práctica, puedes aprender a aplicar las preguntas VA-MO, EH a párrafos y capítulos más largos de la Biblia.

Funciona incluso con libros enteros de la Biblia. Tomemos el libro de los Salmos, por ejemplo. Uno de los *ejemplos* que se ven en los Salmos es cómo acudir a Dios y orar en medio de una crisis.

Comenzando con el salmo 3, y una y otra vez hasta el salmo 149, encontramos al salmista clamando al Señor en diversas circunstancias terribles:

- Alíviame de mi angustia.
- Escucha mi grito de auxilio.
- Apártense de mí, todos los que hacen el mal.
- Sálvame y líbrame de todos los que me persiguen.

En siete de cada diez salmos, el escritor clama al Señor pidiendo salvación física, agradece a Dios que le haya permitido salvar la vida, recuerda los destinos diferentes de los justos y los malhechores, o renueva su lealtad a Dios y a su Palabra frente a la maldad desenfrenada.

Si algo te enseña el libro de Salmos es *cómo* recurrir a Dios en tiempos de angustia y aflicción.

Puede que hoy no te enfrentes a una crisis, pero las crisis llegarán. Cuando lleguen, recurre a los Salmos para encontrar consuelo, paz, aliento, alegría y fuerza para afrontar cada día.

ORA:

Sí, Señor, quiero decir «¡Gracias!» porque Tú estás aquí conmigo cuando la vida va bien y cuando va mal. Ahora mismo, es un poco de las dos cosas. Hoy, por favor, aumenta mi confianza en Ti.

¡Es hora de actuar!

Lee Santiago 2.1-26

VERSÍCULO CLAVE:

Tú dices tener fe porque crees que hay un solo Dios. ¡Bien hecho! Aun los demonios lo creen y tiemblan aterrorizados.
SANTIAGO 2.19 NTV

ENTIENDE:

- ¿Por qué no es suficiente la aceptación intelectual de los hechos bíblicos?
- ¿Por qué es tan importante la obediencia deliberada a la Palabra de Dios?

APLICA:

Llama la atención que puedes leer página tras página de la Biblia sin pararte a preguntarte: *¿De verdad creo esto? ¿Y esto? ¿Y eso?* Sin embargo, si no afirmas de todo corazón las verdades de la Biblia, puedes perderte fácilmente en este mundo loco, confuso y con mezclas de medias verdades, conceptos erróneos y mentiras descaradas.

No te equivoques: es importante leer y estudiar la Palabra de Dios. Pero es aún más importante que digas sí activamente a las declaraciones ricas y fiables que las Escrituras dicen sobre Dios, la creación, la caída, el mundo antiguo, el pueblo elegido de Dios y el amor de Dios por todo el mundo; sobre la vida, el ministerio, las enseñanzas, los milagros, la traición, la muerte, la sepultura y la resurrección de Jesús; y sobre el milagroso nacimiento, expansión, enseñanzas y bendita esperanza de la iglesia.

Sin afirmación y aplicación, las Escrituras no marcan más diferencia en tu vida que el agua en un refrigerador, el café detrás del mostrador o un anuncio de bebidas energéticas en la televisión. Nada ocurre si no hay una *acción deliberada*.

Como ya hemos dicho, tres sencillas preguntas pueden transformar rápidamente un estudio bíblico corriente en una experiencia profunda y transformadora.

- ¿Qué Verdades enseña este pasaje? ¿Las Afirmas?
- ¿Qué Mandamientos da el Señor? ¿Los Obedeces?
- ¿Qué Ejemplos presenta esta Escritura? ¿Les Haces caso?

Este enfoque VA-MO, EH no solo fortalece tu experiencia cada vez que estudias un pasaje de las Escrituras, ¡sino que también puede cambiar tu vida!

ORA:

Sí, Señor, quiero decirte «¡Gracias!» porque has inspirado las Escrituras con tu sabiduría, poder y amor. Haz que pueda experimentarte en cada página que lea.

No te rindas, no abandones ni te marches

Lee 2 Timoteo 4.1-18

VERSÍCULO CLAVE:

Y el Señor me librará de toda obra mala, y me preservará para su reino celestial. A él sea gloria por los siglos de los siglos. Amén.
2 TIMOTEO 4.18

ENTIENDE:

- En el versículo 5 de la lectura bíblica de hoy, ¿qué anima Pablo a hacer a Timoteo?
- En el versículo 7, ¿qué declara Pablo sobre su propia vida y ministerio?

APLICA:

¿Qué importancia tiene todo esto? Te cuento la historia de cierto hombre:

Durante una profunda época de crisis, dejé repentinamente de leer y estudiar la Biblia, después de haberla leído diariamente desde que era un joven adolescente. Ni siquiera podía orar. Después de varias pruebas consecutivas que me sacudieron, había llegado a la falsa conclusión de que la mano de Dios me estaba aplastando.

Pasaron días. Semanas. Finalmente, desesperado, volví a abrir mi Biblia. Sabía que no podía leer inmediatamente una página tras otra, como había solido hacer. Así que simplemente leí un versículo, y luego me pregunté, *¿Crees esto?*

Afortunadamente, mi respuesta fue sí. No un *enorme* sí, pero sí al fin y al cabo. Eso me dio valor para leer otro versículo. Y otro. Con el tiempo, Dios me devolvió la fe de un modo extraordinario. Nunca seré el mismo.

Hoy, me deleito abriendo la Palabra de Dios y afirmando lo que Él dice. Y cuando llegan las crisis —y siempre llegarán—, tengo más confianza que nunca en que el Señor no ha cambiado. Sigue siendo genial. Sigue siendo bueno. Y sigue obrando con gracia en mi corazón y en mi vida. No sé cómo agradecérselo.

ORA:

Sí, Señor, quiero decirte «¡Gracias!» porque la Biblia es fiel. Qué ejemplo nos dio Pablo. Igual que él, quiero acabar bien.

Ejemplos de Verdades que Afirmar

Lee 1 Juan 1.1-10

VERSÍCULO CLAVE:

Si afirmamos que no tenemos pecado, nos engañamos a nosotros mismos y la verdad no está en nosotros.

1 JUAN 1.8 NVI

ENTIENDE:

- ¿Qué dice el versículo clave de hoy sobre afirmar o negar lo que es verdad?
- ¿Por qué es importante afirmar las verdades bíblicas en tu vida cotidiana?

APLICA:

No basta con asentir intelectualmente a las verdades de las Escrituras. Para aplicarlas a tu vida, debes afirmarlas activamente y de todo corazón.

¿Cómo funciona Verdades para Afirmar? Veamos algunos ejemplos de las primeras páginas de Génesis y de 1 Juan.

En Génesis 1.27, la Palabra de Dios dice: «Y Dios creó al ser humano a su imagen; lo creó a imagen de Dios; hombre y mujer los creó» (NVI). En respuesta a este versículo, puedes afirmar fácilmente: «Creo que toda persona ha sido creada a imagen de Dios». También puedes afirmar: «Creo que *yo* soy creado a imagen de Dios». La clave es preguntarse en silencio: *¿Lo creo de* *verdad?* Si lo haces, empezarás a tener una imagen más clara de Dios y de ti mismo.

Primera de Juan 1.9 (NVI) dice: «Si confesamos nuestros pecados, Dios, que es fiel y justo, nos los perdonará y nos limpiará de toda maldad». Como respuesta, puedes afirmar: «Creo que Dios me perdona de verdad cuando confieso mis pecados». La clave es afirmarlo en oración al Señor mismo, y decirle honestamente si tienes alguna lucha o duda.

ORA:

Sí, Señor, quiero decirte «¡Gracias!» por perdonar todos mis pecados, pasados, presentes y futuros. Por favor, perdóname por lo que he hecho mal en este día.

Ejemplos de Mandamientos que Obedecer

Lee 2 Pedro 3.1-18

VERSÍCULO CLAVE:

Nosotros, sin embargo, confiados en la promesa de Dios, esperamos unos cielos nuevos y una tierra nueva que sean morada de rectitud.
2 PEDRO 3.13 BLPH

ENTIENDE:

- ¿Conoces a alguien que diga que ya no es cristiano? En caso afirmativo, ¿qué razones da?
- ¿Qué es más fácil: creer las verdades de las Escrituras u obedecer sus mandamientos del Nuevo Testamento?

APLICA:

No basta con *fijarse en* los mandamientos de la Biblia. Para aplicarlos a tu vida, quieres obedecerlos con alegría y perseverancia.

¿Cómo funciona realmente Mandamientos que Obedecer? Veamos algunos ejemplos de Éxodo y de 2 Pedro.

En Éxodo 20.12 (BLPH; también en Levítico 19.3, Deuteronomio 5.16, Mateo 15.4, Marcos 7.10, Lucas 18.20 y Efesios 6.2) el Señor nos ordena: «Honra a tu padre y a tu madre». La cuestión no es lo que piensas de tus padres. La pregunta es: ¿puedes decir honestamente «Honro a mis padres en obediencia al mandato del Señor»? A veces la respuesta es no. Si es así, no se trata de que te sientas culpable. Dios simplemente te pide que seas honesto con Él y te invita a reclamar sus promesas de sabiduría y fortaleza.

En 2 Pedro 3.14 se nos dice: «Por lo cual, queridos amigos, mientras esperan que estas cosas [los cielos nuevos y la tierra nueva] ocurran, hagan todo lo posible para que se vea que ustedes llevan una vida pacífica que es pura e intachable a los ojos de Dios» (NTV). Tu respuesta no debe ser leer este versículo y pretender que ya eres perfecto. En realidad, debes decidir conformar tu vida a las Escrituras para que puedas decir honestamente: «Ahora estoy haciendo todo lo posible para vivir una vida pura e intachable y estar en paz con Dios». Para ello, primero debes sincerarte con Dios, y luego empezar a obedecer este mandamiento en particular.

ORA:

Sí, Señor, quiero decirte «¡Gracias!» por impulsarnos a terminar bien, como Pedro y Pablo y otros héroes de la fe. Dejaste claro que no eran perfectos. Sin embargo, hicieron todo lo posible por mantenerse cerca de ti. Yo también quiero hacerlo.

Ejemplos a los que Hacer caso

Lee 1 Pedro 2.1-25

VERSÍCULO CLAVE:

Pues Dios se complace cuando ustedes, siendo conscientes de su voluntad, sufren con paciencia cuando reciben un trato injusto.
1 PEDRO 2.19 NTV

ENTIENDE:

- En Mateo 20.25-28 y Juan 13.13-16, Jesús instruyó a sus discípulos a seguir ejemplos específicos de Él. ¿Les resultó fácil o difícil hacerlo?

- Los apóstoles Pedro (1 Pedro 2.18-20), Pablo (Efesios 5.1-2 y Colosenses 3.13) y Juan (1 Juan 2.6 y 3.15-16) instruyen a los creyentes a seguir otros ejemplos de Jesús. ¿Cuál es el más difícil para ti?

APLICA:

No basta con reflexionar sobre los ejemplos de las Escrituras. Para aplicarlos a tu vida, querrás *hacer caso* de ellos con la mejor disposición.

¿Cómo funciona realmente Ejemplos de los que Hacer caso? Veamos un par de ejemplos de Levítico y de 1 Pedro.

En Levítico 8.4 leemos: «Así que Moisés siguió las instrucciones del SEÑOR, y toda la comunidad se reunió a la entrada del tabernáculo» (NTV). Puedes seguir leyendo, o puedes detenerte, fijarte en el ejemplo positivo de

Moisés y luego afirmar: «Yo también elijo hacer lo que el Señor manda».

En 1 Pedro 2.21 (NTV), el apóstol Pedro expuso el ejemplo a seguir cuando escribió: «Pues Dios los llamó a hacer lo bueno, aunque eso signifique que tengan que sufrir, tal como Cristo sufrió por ustedes. Él es su ejemplo, y deben seguir sus pasos». Pedía una respuesta inmediata. ¿Dirás: «Sigo el ejemplo de Jesucristo y estoy dispuesto a sufrir por hacer el bien»?

En Josué 1, Salmos 1, Salmos 119, 2 Pedro 1, y otros pasajes, Dios promete que Él prosperará a aquellos que se deleitan en su Palabra, se la toman en serio y aplican sus verdades.

Imagina lo que Dios podría hacer en ti y a través de ti si leyeras y estudiaras la Biblia y respondieras como Dios desea. ¡Tremendo!

ORA:

Sí, Señor, quiero decir «¡Gracias!» por los muchos, muchos ejemplos en las Escrituras sobre qué hacer y qué no hacer. Quiero hacer caso de cada uno de ellos.

No te vendas barato

Lee Tito 2.1-15

VERSÍCULO CLAVE:

Renunciando a la impiedad y a los deseos mundanos, vivamos en este siglo sobria, justa y piadosamente, aguardando la esperanza bienaventurada y la manifestación gloriosa de nuestro gran Dios y Salvador Jesucristo.

TITO 2.12-13

ENTIENDE:

- ¿Basta con saber lo que no hay que hacer? ¿Por qué sí o por qué no?
- ¿Es útil la experiencia del pasado? Otra vez, ¿por qué sí o por qué no?

APLICA:

Nunca lo olvides: puedes hacer un estudio bíblico de cinco minutos, asentir con la cabeza durante toda la lectura de las Escrituras, y luego saltar de tu vehículo y no detenerte ni una sola vez para preguntarte: *¿Qué querría Jesús que yo hiciera en esta situación?*

Sin embargo, si no obedeces de todo corazón los mandamientos del Señor, te desviarás rápidamente, arriesgarás tu vida en la búsqueda insensata de lo tentador y lo vano, saldrás terriblemente herido en el proceso, y luego tendrás la osadía de echar la culpa a los demás, incluso a Dios.

No basta con conocer las grandes historias de la

escuela dominical sobre Noé y Sara, Josué y Débora, Rut y Absalón, Elías y Ester, Daniel y María, Nicodemo y Cornelio, Juan Marcos y Timoteo. Es cierto que los relatos bíblicos despiertan gran interés. Pero ¿qué lecciones se pueden extraer de la fe y los fallos, las victorias y los vicios de cada personaje?

La experiencia es el mejor maestro, sobre todo las experiencias de otros que nos han precedido. Por eso, cada vez que estudies la Palabra de Dios, debes procurar extraer lecciones de las vidas tanto de los villanos bíblicos (1 Corintios 10.1-13) como de los héroes de la fe (Hebreos 11.4-40).

¿Por qué contenerse?

ORA:

Sí, Señor, quiero decirte «¡Gracias!» porque no tengo que estropear mi vida. Tú me llamas para que tome el camino correcto. Es muy cuesta arriba. A veces me siento solo. Pero las increíbles vistas y las recompensas que me esperan me hacen seguir adelante.

Las Escrituras hablan a tu vida

Lee Romanos 12.1-21

VERSÍCULO CLAVE:

En cuanto de ustedes dependa, hagan lo posible por vivir en paz con todo el mundo.
Romanos 12.18 BLPH

ENTIENDE:

- Cuando te preguntan quién eres, ¿cuál es tu mejor respuesta?
- ¿Cuántas áreas diferentes suele abarcar tu vida?

APLICA:

Las Escrituras hablan a cada fibra de tu ser. Les hablan a tu aspecto y a tu salud, a tus actitudes y acciones, a tus relaciones con la familia y los amigos, a tu uso del tiempo y del dinero, a tus opciones laborales y profesionales, a tus actividades educativas y deportivas, a tus creencias y convicciones sobre Dios y la Biblia.

La Escritura también les habla a tus gustos de literatura y cine, a tu afición a los deportes y la música, a tus pasatiempos y hábitos, a tu compromiso cristiano y a tu amor al Señor.

En otras palabras, ¡las Escrituras hablan a *toda la vida*!

Por eso es crucial leer y estudiar la Palabra de Dios con un claro sentido de *quién eres*. ¿Hasta qué punto conoces tus puntos fuertes y débiles, tu situación actual, tus relaciones con los demás, tu relación con Dios?

Incluye activamente ese conocimiento cuando estudies la Biblia.

Por eso también es tan importante *meditar en las Escrituras.* No basta con leer las palabras de la página. Quieres lavar tu mente con la Palabra de Dios. La meditación implica cualquiera de estas tres acciones:

- Reflexionar sobre el significado de las palabras clave de una frase, versículo o párrafo bíblico.

- Memorizar un versículo, párrafo o sección más larga de la Palabra de Dios.

- Reformular un pasaje de las Escrituras con tus propias palabras.

ORA:

Sí, Señor, quiero decirte «¡Gracias!» por el versículo clave de hoy. Es un gran recordatorio de que Tú sabes exactamente cómo es la vida aquí en la tierra. Si pudiera pedir un milagro, oraría para reconciliarme y estar en paz con cierta persona.

Una visión más amplia

Lee Lucas 2.1-20

VERSÍCULO CLAVE:

Y José subió de Galilea, de la ciudad de Nazaret, a Judea, a la ciudad de David, que se llama Belén, por cuanto era de la casa y familia de David.
Lucas 2.4

ENTIENDE:

- En *Una Navidad con Charlie Brown*, Linus cita Lucas 2.8-14. Cuando se fueron los ángeles, ¿qué hicieron los pastores?
- Durante el resto de sus vidas, ¿qué sabían los pastores que era verdad?

APLICA:

El hombre medio tiene casi una docena de áreas en su vida. Algunas áreas se solapan. Muchas no. Las Escrituras hablan de todas las áreas.

Usando las preguntas VA-MO, EH, puedes encontrar miles de verdades relevantes, mandamientos y ejemplos desde Génesis hasta Apocalipsis.

Puesto que las Escrituras hablan de toda la vida, también querrás hablar en oración con Dios acerca de lo que Él dice sobre cada área. En muchos sentidos, la oración es la herramienta más importante para el estudio de la Biblia. Una gran oración: «Señor, por favor ayúdame a ver la panorámica más grande de Ti cuando leo tu Palabra».

Cuando los profetas del Antiguo Testamento predijeron la venida del Mesías, Jesucristo, no pudieron ver el panorama completo. Entre todos, dijeron que el Mesías vendría de al menos seis lugares diferentes.

1. Belén (Miqueas 5.2)

2. Egipto (Oseas 11.1)

3. Galilea (Isaías 9.1)

4. Jerusalén (Zacarías 9.9)

5. El monte de los Olivos (Zacarías 14.4)

6. El templo (Malaquías 3.1)

¿Quién tenía razón? Todos. Sin embargo, hasta que no ores, leas y estudies los cuatro evangelios, no podrás atar cabos.

ORA:

Sí, Señor, quiero decir «¡Gracias!» porque Tú quieres seguir llevándome a nuevas perspectivas desde las que ver las panorámicas más grandes en Tu Palabra.

Dios promete grandes bendiciones

Lee Salmos 1.1-6

VERSÍCULO CLAVE:

Sino que se complace en la ley del Señor sobre la que reflexiona día y noche.
SALMOS 1.2 BLPH

ENTIENDE:

- ¿Te sorprende que Dios prometa bendiciones increíbles? ¿Por qué sí o por qué no?
- ¿Te parece difícil creer que Dios promete tales bendiciones? ¿Por qué sí o por qué no?

APLICA:

La Escritura enseña que Dios prospera a aquellos que se deleitan en su Palabra, la toman en serio y la aplican en cada área de la vida. ¿Cómo lo sabemos? Aquí tienes cuatro razones:

1. En Josué 1.7-9, Dios promete que «harás prosperar tu camino» (exitoso en cada área de la vida) si estudias su Palabra, meditas en ella cada día y obedeces fielmente sus mandamientos. ¿Qué más se puede pedir?

2. En Salmos 1.1-3, Dios promete que cualquiera que se deleite en obedecer su Palabra y medite en ella diariamente prosperará en «todo lo que haga». ¿Por qué repetiría una promesa tan

insólita? Porque Dios quiere que le tomemos la palabra.

3. En Salmos 19.7-14, David dijo que si la deseamos, nos deleitamos en ella, la escuchamos, la obedecemos, confesamos todo pecado conocido y buscamos agradar al Señor, la Palabra de Dios revive nuestras almas, nos hace sabios, nos trae alegría y nos da una visión de la vida.

4. En Salmos 119.97-104, el salmista dijo que amaba la Palabra de Dios, que lo hacía más sabio que sus enemigos, sus maestros y sus ancianos, pues deseaba la Escritura, meditaba en ella «todo el día» y siempre la obedecía.

Eso no es todo lo que Dios promete. ¡Hay más!

ORA:

Sí, Señor, quiero decirte «¡Gracias!» por animarme a leer y estudiar la Biblia, y por prometerme tantas bendiciones si te tomo la palabra.

¡Dios promete bendiciones más grandes!

Lee Santiago 1.1-27

VERSÍCULO CLAVE:

Pero si miras atentamente en la ley perfecta que te hace libre y la pones en práctica y no olvidas lo que escuchaste, entonces Dios te bendecirá por tu obediencia.
Santiago 1.25 NTV

ENTIENDE:

- ¿Te preocupa alguna vez que las promesas de Dios sean demasiado buenas para ser verdad?
- Por otra parte, ¿alguna vez te preocupa que Dios te bendiga demasiado?

APLICA:

De nuevo, Dios prospera a aquellos que se deleitan en su Palabra, la toman en serio y la aplican en cada área de la vida. ¿Cómo lo sabemos? Aquí tienes cuatro razones más:

5. En Jeremías 15.16-17 y Ezequiel 3.1-11, los profetas dijeron que la Palabra de Dios era dulce como la miel, a pesar de la difícil misión que Dios les encomendó a ambos. La Biblia no es todo dulzura. También contiene la luz penetrante de la santidad, la justicia y la pureza de Dios, para evitar que pequemos.

6. En Esdras 7.6-10, leemos que Esdras era versado en las Escrituras y que «le concedió el rey todo lo que pidió, porque la mano de Jehová su Dios estaba sobre Esdras». La bendición de Dios estaba sobre él. Esa puede ser también nuestra experiencia hoy.

7. En Juan 13.17, Jesús dijo que el camino a la bendición de Dios es conocer *y hacer* lo que Dios dice. Todas las bendiciones de las Bienaventuranzas (Mateo 5.3-12 y Lucas 6.20-23) son nuestras, si tan solo obedecemos al Señor y hacemos caso de su Palabra.

8. En Santiago 1.16-25, Santiago dijo que la persona que hace lo que dice la Palabra de Dios «será bienaventurado en lo que hace» (v. 25). Acepta la Biblia como la Palabra inspirada de Dios, se arrepiente de sus pecados, acepta con humildad la Palabra, experimenta la salvación, y luego mira con atención y perseverancia las Escrituras y no olvida lo que lee. En lugar de olvidarla, hace lo que dice, ¡y es bendecido!

ORA:

Sí, Señor, quiero decirte «¡Gracias!» por motivarme a entender y aplicar tu Palabra en cada área de mi vida.

Más ideas sobre la inspiración

Lee Jeremías 36.1-19

VERSÍCULO CLAVE:

Así que Jeremías mandó llamar a Baruc, hijo de Nerías, y mientras Jeremías le dictaba todas las profecías que el Señor le había dado, Baruc las escribía en un rollo.
Jeremías 36.4 NTV

ENTIENDE:

- ¿Qué te desconcierta de las Escrituras inspiradas por Dios?
- ¿Qué desearías que fuera diferente?

APLICA:

El libro de Jeremías ofrece más ideas sobre la inspiración divina de la Biblia:

1. La inspiración comienza en el momento en que Dios revela cualquier porción de su verdad a sus profetas para su pueblo (Jeremías 36.1). Un texto no es inspirado cuando es reconocido como canónico (aceptado por la Iglesia). Ni siquiera es inspirado cuando se escribe. En realidad, es inspirado en el momento en que Dios lo comunica. El profeta sabía al instante que había recibido una nueva revelación de Dios. No tenía que pensarlo dos veces.

2. La inspiración suele comenzar como un mensaje verbal que el profeta o apóstol dicta

o escribe. Es inspirado tanto si se escribe inmediatamente como si se escribe después de mucho tiempo (Jeremías 36.1-2, 32). De este modo, la inspiración continúa. No se evapora cuando Dios deja de hablar con un profeta o un apóstol.

3. Los mensajes inspirados comunican las palabras de Dios a la humanidad con exactitud. Se convierten en Escrituras inspiradas en el momento en que se escriben. Su valor como Palabra de Dios no aumenta, pero sí su eficacia. La gente puede reconsiderar los mensajes registrados y leerlos junto con otros mensajes de otros tiempos (Jeremías 36.3).

4. La inspiración no depende de que las Escrituras estén en papel. Cuando compartes porciones de las Escrituras oralmente, estás transmitiendo la Palabra de Dios a los demás (Jeremías 36.9-16). De ese modo, te conviertes en uno de los eslabones que ayudan a que la Palabra de Dios forme parte de los pensamientos y acciones de la gente.

¡Hay más!

ORA:

Sí, Señor, quiero decirte «¡Gracias!» por todas las formas en que inspiraste las Escrituras. No fue un proceso estático ni aburrido. Todo lo contrario, fue un proceso dinámico, activo y variado. Trabajaste por medio de un puñado de hombres para bendecir a miles de millones. ¡No dejas de sorprenderme!

Más ideas sobre la inspiración

Lee Jeremías 36.20-32

VERSÍCULO CLAVE:

Esto sucedió a pesar de que [ellos] habían suplicado al rey que no quemara el rollo; pero el rey no les hizo caso.
Jeremías 36.25 nvi

ENTIENDE:

- ¿Cómo crees que se sintieron Jeremías y Baruc al escribir mensajes inspirados por Dios?
- ¿Qué les habrá resultado más frustrante?

APLICA:

El libro de Jeremías ofrece aún más datos sobre la inspiración divina de la Biblia:

5. La inspiración plenaria verbal no depende de la existencia actual de los originales (Jeremías 36.32). Jeremías dictó «todas las palabras del libro que quemó». Escribió un segundo rollo de Escrituras recién inspiradas que un rey malvado había intentado destruir (36.22-23, 28).

6. La inspiración es progresiva. Cada libro fue inspirado pensamiento a pensamiento. A menudo, las secciones estaban separadas por largas brechas de tiempo (Jeremías 36.2, 32).

7. La inspiración es exclusivamente el mensaje de Dios a la humanidad, a través de instrumentos

humanos y de las personas que los ayudan (Jeremías 36.4 y Romanos 16.22).

8. La inspiración depende siempre del Señor. Aunque Jeremías era un profeta de Dios, no podía profetizar cuando le apetecía. A veces la palabra del Señor venía a Jeremías y le obligaba a profetizar (Jeremías 37.6). A veces el Señor le daba a Jeremías un mensaje mientras hablaba (37.17, este era esencialmente un mensaje que Jeremías había dado muchas veces antes). En ocasiones, Jeremías tenía que esperar un tiempo hasta que el Señor finalmente le daba un mensaje (42.7).

9. La inspiración se aplica incluso a la elección de las palabras. Jeremías tenía la firme convicción de que debía transmitir todo el mensaje del Señor, sin omitir ni una palabra (Jeremías 42.4 y 43.1). Jeremías también escribió sus propios pensamientos y los comentarios de otros, pero el Espíritu Santo dirigió cada palabra que escribió.

ORA:

Sí, Señor, quiero decirte «¡Gracias!» porque los impíos no pudieron destruir ni un solo pasaje de tu Palabra eterna.

Los héroes bíblicos Moisés y Josué

Lee Josué 8.30-35

VERSÍCULO CLAVE:

No hubo palabra alguna de todo cuanto mandó Moisés, que Josué no hiciese leer delante de toda la congregación de Israel, y de las mujeres, de los niños, y de los extranjeros que moraban entre ellos.

JOSUÉ 8.35

ENTIENDE:

- ¿Has oído alguna vez a alguien cuestionar la fiabilidad del primer libro de la Biblia, Génesis?
- ¿Qué dan por sentado esos críticos y escépticos?

APLICA:

Es común preguntarse: *¿Tenemos todos los libros que debemos tener en la Palabra de Dios?* Puedes estar seguro en estos próximos días de estudio de la Biblia.

Los primeros libros de la Biblia revelan la conservación de las Escrituras de generación en generación.

Los libros de Moisés. Los cinco primeros libros de la Biblia no se guardaron en un lugar oscuro después de que Moisés los escribiera. En la última parte de la vida de Moisés, Dios les dio a él y a los israelitas instrucciones detalladas para el cuidado y la lectura regular de la Ley ante «todo Israel» (Deuteronomio 31.9-13, 24-29).

Cuando Josué se encontró al frente de la nación

israelita, reconoció que desde Génesis hasta Deuteronomio había sido escrito por Moisés bajo la dirección de Dios (Josué 1.8-9). Josué probablemente tenía los escritos originales.

Los escribas hacían copias muy elaboradas de los originales (palabra por palabra), y el pueblo de Dios las consideraba igualmente fidedignas (Josué 8.32-35 y Deuteronomio 27.3, 8). La transmisión verbal también tenía autoridad (Josué 8.34-35).

El Libro de Josué. Josué escribió su libro poco después de que ocurrieran los hechos que en él se relatan. El relato de lo que Dios le dijo sugieren esto. Las referencias históricas específicas sitúan el libro en la época de Josué, sin duda mucho antes del año 1000 a.C. (ver Josué 15.63 y 16.10). Los escritores agregaron posteriormente otro material fidedigno a los escritos de Josué. Agregaron material poco después de su muerte (Josué 15.13-19 y 24.29-33), cuando los registros estaban siendo recopilados y probablemente copiados de forma más permanente.

ORA:

Sí, Señor, quiero decirte «¡Gracias!» porque todo lo que Moisés y Josué escribieron en los seis primeros libros de la Biblia sigue hoy en mis manos.

Esdras conserva las Escrituras hebreas

Lee Esdras 7.11-26

VERSÍCULO CLAVE:

Y tú, Esdras, conforme a la sabiduría que te ha otorgado tu Dios, pon jueces y magistrados que administren justicia [...] y conoce las leyes de tu Dios; a quienes no la conocen, enséñasela.
Esdras 7.25 BLPH

ENTIENDE:

- ¿Te has fijado en cómo describió el rey a Esdras en los versículos 11, 12 y 21? ¿Por qué es importante?

- En los versículos 14 y 25, ¿qué dice el rey que posee Esdras? ¿Por qué es tan importante?

APLICA:

Al fin y al cabo, el pueblo de Dios tiene todos los libros correctos del Antiguo Testamento. Según la tradición, Esdras escribió él mismo parte del Antiguo Testamento y ayudó a confirmar gran parte del canon del Antiguo Testamento, los libros que el pueblo judío creía que Dios había dado a través de los profetas. Este canon se inició antes del 1400 a.C. (los libros de Moisés) y se completó después del 450 a.C. (Malaquías).

Según Josefo, historiador judío del siglo I, el pueblo judío dividió el Antiguo Testamento en las siguientes secciones:

- Los libros de Moisés: Génesis, Éxodo, Levítico, Números, Deuteronomio.
- Los Profetas: Josué, Rut y Jueces (considerados un solo libro), Samuel, Reyes, Isaías, Jeremías y Lamentaciones (un solo libro), Ezequiel, los doce profetas menores (un solo libro), Daniel, Job, Ester, Esdras y Nehemías (un solo libro), y Crónicas.
- Los Escritos: Salmos, Proverbios, Cantar de los Cantares y Eclesiastés. A veces se añadían a esta tercera sección de escritos Job, Rut y Jueces, Lamentaciones, Ester, Daniel, Esdras y Nehemías, y Crónicas.

Más de dos milenios después, el pueblo de Dios sigue teniendo todos los libros del Antiguo Testamento intactos y en sus manos. ¡Es increíble!

ORA:

Sí, Señor, quiero decirte «¡Gracias!» por asegurarte de que hayamos tenido todos los libros del Antiguo Testamento por miles de años.

Los escribas preservaron la Palabra de Dios

Lee Esdras 7.1-10

VERSÍCULO CLAVE:

Esdras había preparado su corazón para investigar la ley del Señor, para practicarla y para enseñar en Israel sus estatutos y decretos.
Esdras 7.10 BLPH

ENTIENDE:

- ¿Recuerdas el juego del teléfono? Si lo recuerdas, ¿por qué a veces era chistoso?
- ¿En qué se parece o en qué se diferencia la historia de la transmisión de la Biblia a lo largo de los siglos?

APLICA:

Es habitual preguntarse: «¿Todos los versículos de las Escrituras dicen lo que tienen que decir?». Afortunadamente, la crítica textual desempeña un papel importante en la confirmación de la inspiración de las Escrituras.

La crítica textual es una ciencia minuciosa que usa miles de manuscritos antiguos para determinar qué textos se parecen más a las copias originales. Ninguno de los manuscritos considerados es original (ya que los originales hace tiempo que se perdieron o fueron destruidos), por lo que hay que demostrar la fiabilidad de las copias. El pueblo de Dios puede estar seguro de la exactitud de la transmisión del mensaje original a las copias de varias maneras.

En primer lugar, después del cautiverio babilónico, Esdras y otros escribas se pusieron a trabajar minuciosamente para asegurarse de que siempre existieran muchas copias de la Palabra de Dios. Estos escribas llegaron a ser conocidos como «doctores de la ley» por su conocimiento de la ley del Antiguo Testamento.

En segundo lugar, los talmudistas (100-450 d.C.), los masoretas (450-900 d.C.) y otros grupos similares que copiaban bajo las normas más estrictas, copiaron el Antiguo Testamento. Su alto nivel de exigencia refleja la precisión de sus copias. Estas son solo dos de las muchas normas que seguían:

- No podían corregir el original si lo consideraban erróneo (solo podían añadir anotaciones en los márgenes).
- En cada línea que copiaban, contaban el número de letras y palabras, comparaban palabras intermedias, comprobaban la frecuencia de cada letra, etc.

¡Y hay más!

ORA:

Sí, Señor, quiero decirte «¡Gracias!» por el increíble trabajo que hicieron los escribas para preservar las Escrituras a lo largo de los siglos. No dejes que dé por sentado el privilegio de tener la Biblia.

Más sobre los escribas

Lee Malaquías 4.1-6

VERSÍCULO CLAVE:

Acuérdense de obedecer la ley de Moisés, mi servidor, todos los decretos y ordenanzas que le entregué en el monte Sinaí para todo Israel.
MALAQUÍAS 4.4 NTV

ENTIENDE:

- Algunas Biblias usan la palabra Consolador y otras Defensor. ¿Cuáles son las diferencias de significado?

- La versión original Reina-Valera usa la palabra «luego» en el sentido de «en seguida». ¿Qué ha cambiado en los últimos cuatrocientos cincuenta años? ¿La exactitud de la Biblia u otra cosa?

APLICA:

Aquí tienes otras reglas que siguieron los talmudistas, masoretas y otros al copiar las Escrituras del Antiguo Testamento:

- No podían copiar de memoria.

- Dejaban el espacio de un pelo entre cada letra. (¡Hablando de precisión!)

- Quemaban o enterraban con reverencia los ejemplares viejos y desgastados de las Escrituras (para evitar profanar el nombre del Señor, por si se emborronaban o quedaban ilegibles por cualquier otro motivo).

¿Hasta qué punto eran precisos estos escribas? Los biblistas familiarizados con su trabajo aseguran que el desfase temporal no implica que el texto haya perdido exactitud a lo largo de los milenios. En su *Survey of the Bible*, William Hendriksen cita a un erudito que dijo: «Si tuviéramos en nuestro poder un manuscrito del siglo I o II, encontraríamos que tiene esencialmente el mismo texto que los de fecha muy posterior».

Solo unos meses después de que se publicara esa declaración, se descubrieron los Rollos del Mar Muerto en una cueva de Qumrán. Entre los hallazgos se encontraron dos copias del libro de Isaías que datan del año 150 a.C. Los eruditos hebreos compararon diligentemente los manuscritos recién descubiertos con otros mucho más recientes procedentes de la tradición masorética y datados en la Edad Media. ¿Su conclusión? Después de más de un milenio, solo se habían introducido en el texto de Isaías algunos cambios insignificantes (sobre todo variaciones ortográficas).

Gracias al cuidadoso trabajo de los escribas judíos, podemos estar seguros de que el Antiguo Testamento nos ha sido transmitido con un alto grado de exactitud. ¡Increíble!

ORA:

Sí, Señor, quiero mostrar mi asombro ante la increíble exactitud de las Escrituras del Antiguo Testamento preservadas por toda la historia.

La fiabilidad del Nuevo Testamento

Lee Lucas 1.1-25

VERSÍCULO CLAVE:

Después de investigar todo con esmero desde el principio, yo también decidí escribir un relato fiel para ti, muy honorable Teófilo.
Lucas 1.3 NTV

ENTIENDE:

- ¿Qué te parece más fiable: los escritos de Platón, Aristóteles y Homero o los veintisiete libros del Nuevo Testamento?
- ¿Se acercan siquiera?

APLICA:

Hay una cantidad abrumadora de pruebas que sostienen la exactitud del Nuevo Testamento. Los autores escribieron sus veintisiete libros entre los años 40 y 100 d.C. La primera copia conocida de una parte del Nuevo Testamento data de unas pocas décadas después de que se terminara el original.

Además, existen 5.400 copias antiguas del Nuevo Testamento en griego, 10.000 más en latín y 9.300 más en otras lenguas. A partir de esta riqueza de fuentes, estudiosos y expertos han realizado comparaciones para determinar con precisión el original.

Sir Frederic George Kenyon, antiguo director y bibliotecario principal del Museo Británico, declaró:

«Gracias a estos manuscritos, el lector medio de la Biblia puede sentirse tranquilo con respecto a la solidez del texto. Aparte de unas pocas alteraciones verbales sin importancia, lógicas en libros transcritos a mano, el Nuevo Testamento, ahora estamos seguros, ha llegado intacto».

Es más, puede reproducirse casi todo el Nuevo Testamento solo a partir de los escritos de los padres de la iglesia de los siglos II y III. Pueden reconstruirse todos los versículos, menos once, a partir de los versículos que ellos citaron.

Por el contrario, otros escritos clásicos son, en el mejor de los casos, sospechosos. Los estudiosos solo disponen de siete copias de los escritos de Platón, que datan de 1.200 años después de su muerte. Solo disponen de cinco ejemplares de los escritos de Aristóteles, que datan de 1.400 años después de su muerte. Disponen de 643 copias de los escritos de Homero, fechadas 1.800 años después de su muerte, con errores frecuentes en el cinco por ciento de sus 15.600 versos.

Puedes leer todo el Nuevo Testamento con confianza.

ORA:

Sí, Señor, quiero expresar mi asombro ante la increíble exactitud de las Escrituras del Nuevo Testamento. Puedo leer y estudiar tu Palabra con una confianza increíble.

La iglesia conserva el Nuevo Testamento

Lee Hechos 1.1-26

VERSÍCULO CLAVE:

Estimado Teófilo, en mi primer libro me referí a todo lo que Jesús comenzó a hacer y enseñar.
Hechos 1.1 NVI

ENTIENDE:

- La tradición dice que Lucas escribió el libro de los Hechos en previsión del juicio de Pablo ante César. ¿Qué dice Lucas en Hechos que parezca confirmar esto?

- El nombre Teófilo significa «amigo de Dios». ¿Crees que era una persona real? ¿Por qué sí o por qué no?

APLICA:

Poco después del nacimiento de la iglesia, surgió la necesidad de un segundo canon de Escrituras aceptadas. El canon del Nuevo Testamento se formó mucho más rápidamente que el del Antiguo debido a la partida de los apóstoles y otros testigos, la expansión del cristianismo más allá de Palestina, la necesidad de proteger el mensaje ante las falsas enseñanzas, la persecución de los creyentes (necesitaban saber por qué libros iban a morir) y la empresa misionera (necesitaban saber qué libros traducir y usar en la predicación).

La iglesia primitiva dio varios pasos para culminar

el canon del Nuevo Testamento. La mayoría de los libros fueron ampliamente reconocidos como canónicos en los siglos II y III. Algunos cuestionaron seriamente solo algunos de los últimos libros del Nuevo Testamento. En el año 397 d.C., dos concilios oficiales de la iglesia habían confirmado la canonicidad de los veintisiete libros del Nuevo Testamento.

Los integrantes de estos concilios formulaban preguntas específicas para determinar qué libros eran canónicos:

- ¿Está escrito por un apóstol o bajo su dirección?
- ¿Está inspirado por el Espíritu Santo?
- ¿Circula entre las iglesias?
- ¿Es coherente con el resto de las Escrituras?

Algunos libros fiables quedaron fuera del canon, incluida una Armonía de los Cuatro Evangelios. Fue muy leída entre las iglesias, pero no cumplía las cuatro rigurosas normas de canonicidad. Muchos libros poco fiables fueron rechazados de plano.

¡Qué bueno es saber que los cristianos tienen todos los libros que deben estar en el Nuevo Testamento!

ORA:

Sí, Señor, quiero decirte «¡Gracias!» por inspirar a Mateo, Marcos, Lucas, Juan, Pedro, Santiago, Judas y Pablo a escribir los textos del Nuevo Testamento. Fue un trabajo duro, pero lo preservaron.

Sin pérdidas en la traducción

Lee 2 Timoteo 3.10-17

VERSÍCULO CLAVE:

Desde la niñez, se te han enseñado las sagradas Escrituras, las cuales te han dado la sabiduría para recibir la salvación que viene por confiar en Cristo Jesús.

2 TIMOTEO 3.15 NTV

ENTIENDE:

- ¿Has encontrado alguna vez un error tipográfico en una de tus Biblias? Si es así, ¿qué implica?
- ¿Y qué no implica esa errata?

APLICA:

Es habitual preguntarse: «¿Y las traducciones? ¿Acaso no se pierde algo en algunas de ellas?». Afortunadamente, el apóstol Pablo nos dio la perspectiva bíblica que debemos tener hacia las copias y las traducciones.

La Escritura a la que Pablo se refería como «inspirada por Dios» no era una recopilación de las obras originales. Era solo una entre miles de copias de las Escrituras del Antiguo Testamento. Además, estas Escrituras se tradujeron del hebreo y el arameo al griego (una traducción conocida como la Septuaginta).

Sin dudas al respecto, Pablo dijo a Timoteo que los escritos sagrados que había conocido desde su infancia podían darle la sabiduría que conducía a la salvación.

Luego añadió: «Toda la Escritura es inspirada por Dios y útil para enseñar, para reprender, para corregir y para instruir en la justicia, a fin de que el siervo de Dios esté enteramente capacitado para toda buena obra» (2 Timoteo 3.16-17 NVI).

Por ello, podemos ver que las copias y las obras traducidas siguen siendo inspiradas. Reflejan fielmente los manuscritos originales y comunican el significado que Dios quiso darles.

¿Veredicto?

Nuestras Biblias en español son verdaderamente inspiradas. Son la Palabra de Dios comunicada a nosotros en un lenguaje que podemos leer, entender, personalizar y aplicar a nuestras vidas.

ORA:

Sí, Señor, quiero decirte «¡Gracias!» otra vez por motivarme a leer este libro y aprender tanto sobre cómo leer, estudiar y aplicar tu Palabra a mi vida.

Fiabilidad de las traducciones

Lee 2 Timoteo 2.1-15

VERSÍCULO CLAVE:

Esfuérzate por merecer la aprobación de Dios, como un trabajador que no tiene de qué avergonzarse, como alguien que sigue fielmente la palabra de la verdad.
2 Timoteo 2.15 BLPH

ENTIENDE:

- ¿Crees que Jesús y los apóstoles leyeron, estudiaron y memorizaron alguna vez versículos de la Biblia traducidos del hebreo al griego?
- ¿Qué significaría que lo hubieran hecho?

APLICA:

A lo largo de los siglos, el pueblo de Dios ha aceptado, valorado, creado y usado traducciones de la Biblia para llegar a un público lo más amplio posible.

¿Cómo sabes que las traducciones de la Biblia son fiables? Aquí tienes cuatro razones:

1. El apóstol Pablo declaró la inspiración de las traducciones de la Biblia (2 Timoteo 3.14-17). Pablo hablaba hebreo con fluidez. Sin embargo, para comunicarse eficazmente con sus oyentes y lectores, a menudo citaba la traducción griega del Antiguo Testamento (Hechos 13.34, Romanos 9.12, 1 Corintios 2.9).

2. El apóstol Pedro declaró la inspiración de las traducciones de la Biblia (2 Pedro 1.19-21). Pedro hablaba probablemente las tres lenguas originales de la Biblia. Como la traducción griega del Antiguo Testamento era muy popular en su época, la citaba a menudo (Hechos 2.17-21 y 3.22).

3. Jesús mismo declaró la naturaleza eterna de la Biblia (Mateo 5.17-18), ejemplificó el gran amor de Dios por todo el mundo (Juan 3.16 y 17.20) y citó con frecuencia la traducción griega del Antiguo Testamento (Mateo 9.13, Marcos 14.27, Lucas 4.12 y Juan 15.25).

4. El apóstol Juan declaró la naturaleza eterna de la Biblia (Apocalipsis 22.18-19), proclamó el gran amor de Dios por todo el mundo (1 Juan 2.2) y citó a menudo la traducción griega del Antiguo Testamento (Juan 12.38 y 19.36-37).

¡Hay más!

ORA:

Sí, Señor, quiero decirte «¡Gracias!» porque no tengo por qué avergonzarme de cómo manejo la Palabra de Verdad. Haz que hoy pueda sentir tu bendición y aprobación.

Más sobre la fiabilidad de las traducciones

Lee 2 Timoteo 1.1-14

VERSÍCULO CLAVE:

Mediante el poder del Espíritu Santo, quien vive en nosotros, guarda con sumo cuidado la preciosa verdad que se te confió.

2 Timoteo 1.14 NTV

ENTIENDE:

- En tu árbol genealógico, remontándote lo más atrás posible, ¿cuántas lenguas se hablaban? ¿Una? ¿Dos? ¿Tres?
- ¿Cuántas lenguas se hablan hoy en tu familia?

APLICA:

Aquí tienes otras cuatro razones para estar seguro de que las traducciones de la Biblia son fiables:

5. El apóstol Mateo es el único escritor del Nuevo Testamento que aparentemente no citó la traducción griega del Antiguo Testamento. Eso se debe a que su público original era predominantemente judío.

6. La iglesia primitiva produjo varias traducciones importantes del Antiguo y el Nuevo Testamento durante los cuatro primeros siglos posteriores a la ascensión de Jesucristo: Latín antiguo, latín, siríaco, copto, nubio antiguo, armenio,

georgiano antiguo, etíope y gótico. Usaban estas traducciones para llegar al mayor número posible de personas con la Palabra de Dios. Los nuevos cristianos no estaban obligados a aprender las lenguas originales de la Biblia.

7. Para ayudar a cumplir la Gran Comisión de Jesucristo, la iglesia ha traducido la Biblia o partes de ella a más de 2.200 idiomas. ¿Por qué? Porque menos del 0,00001 % de las personas que viven hoy en día entienden las tres lenguas bíblicas antiguas, y más del 85 % no entienden nuestro idioma con fluidez. Las Escrituras se entienden mejor cuando se traducen a la lengua materna del lector (o del oyente).

8. Todas las Biblias importantes publicadas en nuestro idioma en las últimas dos generaciones han sido traducidas por un equipo interconfesional de decenas de eruditos que han trabajado a partir de los textos hebreos, arameos y griegos. Cuentan con la ayuda de asesores literarios contemporáneos y de una gran bibliografía de erudición recopilada a lo largo de los últimos siglos.

ORA:

Sí, Señor, quiero decir «¡Gracias!» porque puedo leer mi Biblia en mi idioma con confianza en su fiabilidad y en sus verdades sagradas.

Las reglas de la traducción

Lee Juan 19.17-22

VERSÍCULO CLAVE:

La inscripción fue leída por muchos judíos, porque el lugar donde Jesús había sido crucificado estaba cerca de la ciudad. Además, el texto estaba escrito en hebreo, latín y griego.
Juan 19.20 BLPH

ENTIENDE:

- ¿Tienen algunos, muchos o todos tus deportes favoritos normas articuladas con gran detalle?
- Cuando se trata de traducir la Biblia, ¿por qué son aún más importantes las normas?

APLICA:

Insisto, casi todas las traducciones de la Biblia son fiables. Eso es así en casi todos los idiomas. La organización Wycliffe Bible Translators ha usado las siguientes reglas para su trabajo en todo el mundo:

Basarse en los mejores textos hebreos y griegos. Nuestro idioma actual no es lo suficientemente bueno.

No limitarse a sustituir palabra por palabra. Martín Lutero lo expresó así: «¿Qué dicen los alemanes en una situación así?». En otras palabras, ¿cómo lo diría el hombre de la calle en alemán sencillo?

Meticuloso en cuanto al significado o la forma. Cierta versión de la Biblia en inglés da una paráfrasis de Apocalipsis 18.22 que dice: «No habrá más allí sonido de música, no más pianos, saxofones y trompetas». Muchos traductores coincidirían en que ciertas paráfrasis cruzan la línea que separa los hechos bíblicos de la imaginación santificada.

Adaptado en la estructura para mantener la precisión. En varios idiomas filipinos, por ejemplo, la frase «de cierto, de cierto» o «de cierto os digo» se traduce mejor como una sola palabra.

Actualización periódica en función de los cambios lingüísticos. En la versión Reina-Valera Antigua, 1 Tesalonicenses 4.15 utiliza la forma arcaica *ser delantero*. En cambio, las traducciones modernas utilizan la forma actual del verbo *preceder* para garantizar que los lectores sepan lo que Pablo está diciendo realmente.

Libre de cualquier sesgo teológico. La Traducción del Nuevo Mundo tergiversa Juan 1.1 para decir —en contra de todas las reglas gramaticales del griego— que Jesús era simplemente «un dios», no Dios mismo. Esa es una flagrante mala traducción de un versículo clave de las Escrituras. Gracias a Dios, prácticamente todas las principales Biblias en nuestro idioma están libres de tales errores teológicos.

ORA:

Sí, Señor, quiero decirte «¡Gracias!» porque la Biblia o partes de la Biblia han sido traducidas a miles de idiomas en todo el mundo. Casi todas las personas que conozco pueden leer tu Palabra en su lengua materna.

Traducciones cuestionables

Lee 2 Pedro 3.1-18

VERSÍCULO CLAVE:

En todas sus cartas [Pablo] se refiere a estos mismos temas. Hay en ellas algunos puntos difíciles de entender que los ignorantes e inconstantes tergiversan, como lo hacen también con las demás Escrituras para su propia perdición.
2 PEDRO 3.16 NVI

ENTIENDE:

- Imagina que dos mormones vienen a tu puerta. Les ofreces leer su literatura si ellos leen Romanos y luego vuelven. ¿Cómo crees que responderán?

- Imagina que dos testigos de Jehová llaman a tu puerta. Quieres estudiar el Evangelio de Juan con ellos. ¿Qué traducción de la Biblia crees que deberías usar?

APLICA:

No tenemos que preocuparnos por las traducciones dudosas de la Biblia. Puede parecer contradictorio, pero es así. Aquí tienes cuatro razones:

1. Suelen ser obra de un individuo, un pequeño grupo o una secta.

2. Rara vez están a la venta en librerías cristianas.

3. Estas traducciones cuestionables siguen

conteniendo la Palabra de Dios. Salvo en los versículos en los que los traductores tergiversaron la Escritura (por ejemplo, Juan 1.1 en la Traducción del Nuevo Mundo), estas traducciones se pueden leer con provecho. Aunque no son recomendables, estas traducciones siguen siendo en más de un noventa y cinco por ciento la Palabra inspirada de Dios. Sin embargo, esto no justifica la tergiversación de las Escrituras que hicieron los traductores en algunos puntos.

4. Estas traducciones suelen ser muy veneradas, pero poco leídas. Muchos miembros de estas comunidades religiosas memorizan determinados pasajes de las Escrituras y realizan los estudios bíblicos que les mandan cada semana, pero en realidad no leen la Biblia como un libro, de principio a fin.

Así que la próxima vez que dos miembros de una secta llamen a tu puerta, no tengas miedo de discutir las Escrituras con ellos. Pídeles que abran sus Biblias allí mismo. No tengas miedo de leer por encima de sus hombros, por así decirlo. Su cuestionable traducción de la Biblia no va a hacerte daño.

Pídele a Dios que se revele a estas personas a través de su Palabra, a pesar de los conocidos errores de traducción.

ORA:

Sí, Señor, quiero decirte «¡Gracias!» por esta nueva perspectiva de utilizar tu Palabra para llegar a los que llaman a mi puerta de parte de grupos poco ortodoxos.

Dios ha protegido su Palabra

Lee Salmos 119.89-105

VERSÍCULO CLAVE:

*Señor, tu palabra es eterna,
en los cielos permanece firme.*
SALMOS 119.89 BLPH

ENTIENDE:

- Si el Señor pudo crear todo el universo con solo su palabra, ¿acaso hay algo demasiado difícil para Él?
- ¿Qué pasa con la preservación de la Biblia en manos humanas?

APLICA:

Dios ha protegido cuidadosamente la Biblia. ¿Cómo lo sabemos? Aquí tienes ocho razones:

1. Dios mismo promete que las Escrituras son completamente verdaderas y dignas de confianza (Salmos 19.7, 33.4 y 119.42). Él quiere que la tomemos en serio.

2. El versículo clave de hoy afirma que las Escrituras son eternas (Salmos 119.89). A diferencia de las modas del mundo, que van y vienen, la Palabra de Dios ha resistido la prueba del tiempo.

3. El mayor profeta del Antiguo Testamento después de Moisés y uno de los principales

apóstoles de Jesucristo afirmaron que las Escrituras permanecen para siempre (Isaías 40.8 y 1 Pedro 1.23-25).

4. Jesús mismo prometió que las Escrituras permanecerán hasta que se cumpla su propósito (Mateo 5.18). Nada se perderá antes del fin de los tiempos.

5. Tanto el primer profeta como el último apóstol lanzaron duras advertencias a todo aquel que se atreviera a alterar las Escrituras (Deuteronomio 4.2 y Apocalipsis 22.18-19; ver también Proverbios 30.6).

6. El descubrimiento de los Rollos del Mar Muerto confirma la impresionante exactitud en la transmisión del Antiguo Testamento a lo largo de miles de años.

7. La riqueza de los manuscritos que se remontan al siglo I d.C. confirma el texto del Nuevo Testamento más allá de toda sombra de duda.

8. En los últimos cuatro siglos, todas las afirmaciones de los críticos de haber encontrado un supuesto «error» en las Escrituras han sido desacreditadas sin excepción. ¡Es un historial extraordinario!

ORA:

Sí, Señor, quiero decirte «¡Gracias!» porque has protegido tu Palabra y aún hoy la usas con gran poder y eficacia.

La información selectiva de la Biblia

Lee Juan 20.30-21.25

VERSÍCULO CLAVE:

Jesús hizo muchas otras señales en presencia de sus discípulos, las cuales no están registradas en este libro.
Juan 20.30 NVI

ENTIENDE:

- Imagina que dos equipos internacionales de fútbol acaban de jugar un doble partido. ¿Hasta qué punto se informará igual o diferente sobre los juegos en sus países?

- Imagina que el equipo de Argentina acaba de ganar al Real Madrid con un gol de campo en el último segundo. ¿Cómo serán las noticias en cada país?

APLICA:

A la hora de abordar las aparentes contradicciones bíblicas, quizá lo mejor sería empezar por los principios básicos del periodismo. Entre ellos está la búsqueda de respuestas a seis preguntas clave del periodismo: *¿Quién? ¿Cómo? ¿Cuándo? ¿Dónde? ¿Por qué?* y *¿Cómo?*

Cualquier periodista que se precie recopilará muchos más datos de los que se pueden presentar en un artículo y luego seguirá el principio de seleccionabilidad para informar solo de los hechos que considere más relevantes para los lectores a los que se dirige. Como resultado, una noticia sobre un partido de la FIFA sonará muy diferente en la ciudad del equipo invitado y en la del equipo local. El mismo partido, los mismos cientos o miles de datos... ¡pero un público diferente!

Este mismo principio de seleccionabilidad se aplica a las Escrituras. Moisés no escribió todo lo que sucedió en la vida de Adán. Ni mucho menos. Solo contó lo que Dios dijo que era relevante.

Lo mismo ocurrió cuando Juan escribió su Evangelio. No intentaba escribir *La vida de Jesucristo al detalle*. En cambio, admitió: «Jesús hizo también muchas otras cosas, tantas que, si se escribiera cada una de ellas, pienso que los libros escritos no cabrían en el mundo entero» (Juan 21.25 NVI).

En otras palabras, Juan seleccionó solo aquellos sucesos, milagros, entrevistas, enseñanzas, oraciones, persecuciones y sufrimientos que mejor comunicaban el mensaje del evangelio a su audiencia. Los otros tres escritores de los evangelios hicieron lo mismo. ¡Lo mejor para nosotros!

ORA:

Sí, Señor, quiero decirte «¡Gracias!» por cómo el deporte profesional me ayuda a comprender mejor la información selectiva de los escritores bíblicos.

Premisas para estudiar los errores aparentes

Lee Colosenses 2.1-23

VERSÍCULO CLAVE:

Cuídense de que nadie los cautive con la vana y engañosa filosofía que sigue tradiciones humanas, la que está de acuerdo con los principios de este mundo y no conforme a Cristo.
COLOSENSES 2.8 NVI

ENTIENDE:

- En las encuestas, uno de cada cinco estadounidenses se declara escéptico u hostil hacia la Biblia. Cuando se les pregunta si la Biblia contiene errores, responden: «¡Sí!».
- ¿Qué porcentaje de estas personas habrá estudiado detenida y objetivamente cinco o más supuestos errores bíblicos?

APLICA:

Nuestras Biblias traducidas son *muy* precisas. Dios ha preservado cuidadosamente las Escrituras a lo largo de los siglos. Podemos leer y estudiar la Palabra de Dios con la máxima confianza de que *sigue siendo* el mensaje de Dios para nosotros hoy.

Antes de abordar un aparente «error» en las Escrituras, es importante reflexionar sobre las premisas básicas de cada uno acerca de la fiabilidad de la Biblia. Las siguientes premisas deberían formar la base con la que estudias los errores bíblicos potenciales:

1. Algunos errores aparentes se deben a una transmisión o traducción defectuosa de las Escrituras.

2. Algunos errores aparentes se deben a observaciones o interpretaciones erróneas de las Escrituras.

3. La mayoría de los errores aparentes pueden resolverse descubriendo el origen del problema y examinándolo con atención y honestidad.

4. Algunos errores aparentes solo se resolverán por completo cuando dispongamos de más información.

5. Debemos reservarnos el juicio sobre errores aparentes que no podemos resolver por la limitación de nuestros conocimientos, y reconocer que siempre es más sabio depender de la Palabra de Dios que confiar en las palabras de simples hombres.

ORA:

Sí, Señor, quiero decir «¡Gracias!» por estas cinco premisas, que eliminan cualquier temor que pudiera tener sobre posibles errores bíblicos.

Proceso de estudio de posibles errores

Lee 2 Tesalonicenses 2.1-17

VERSÍCULO CLAVE:

¡Ojalá que nuestro Señor Jesucristo y nuestro Padre Dios que nos ha amado y que generosamente nos otorga un consuelo eterno y una espléndida esperanza, los llenen interiormente del consuelo y los fortalezcan en toda suerte de bien, lo mismo de palabra que de obra!

2 Tesalonicenses 2.16-17 BLPH

ENTIENDE:

- ¿Sabías que las comillas no se inventaron hasta el siglo XIV y no se usaron para acotar las citas hasta el siglo XVII?

- ¿Qué significan —y qué no significan— las comillas en la Biblia?

APLICA:

Cuando estás haciendo tu lectura y estudio bíblico diario, un aparente «error» puede encender una luz de alarma en tu mente. En lugar de ignorarla, descubre si realmente hay un problema. Basta con seguir este proceso de seis pasos:

1. Identifica el pasaje o pasajes de la Escritura.

2. Define el problema en el pasaje o pasajes.

3. Clasifica el «error»:

- contradicción entre relatos paralelos
- error en un detalle histórico
- problema en la descripción científica
- incoherencia en la enseñanza moral

4. Examina las posibles fuentes del «error»:

   - transmisión defectuosa (¿se ha producido un error de los copistas?)
   - traducción defectuosa (¿las versiones contemporáneas difieren?)
   - observación defectuosa (¿has examinado con cuidado el texto y el contexto?)
   - interpretación errónea (¿has entendido bien este pasaje?)

5. Identifica el posible origen del problema.
6. Propón una respuesta provisional al problema.

ORA:

Sí, Señor, quiero decirte «¡Gracias!» por este proceso de seis pasos para tratar los aparentes errores en la Biblia. Ya me siento mejor.

Estudiar el «error más difícil» de la Biblia

Lee Juan 18.15-27

VERSÍCULO CLAVE:

*Pero la criada que hacía de portera
se fijó en Pedro y le preguntó:
— ¿No eres tú de los discípulos de ese hombre?
Pedro contestó:
— No, no lo soy.*
Juan 18.17 BLPH

ENTIENDE:

- ¿Qué mujer o mujeres fueron al sepulcro de Jesús aquel domingo por la mañana temprano? ¿María Magdalena (Juan 20.1)? ¿Ella y «la otra María» (Mateo 28.1)? ¿Las dos Marías y Salomé (Marcos 16.1)? ¿Las dos Marías, Juana y «otras mujeres» (Lucas 24.10)?

- ¿Son correctas todos nuestros relatos? ¿Por qué sí o por qué no?

APLICA:

Una de las pocas cosas que recogen los cuatro evangelios son las tres negaciones de Pedro la noche antes de la crucifixión de Jesús (Mateo 26.69-75, Marcos 14.66-71, Lucas 22.55-62 y Juan 18.16-27). Pero ¿ante quién negó Pedro al Señor? Los cuatro evangelistas ofrecen relatos diferentes. ¿Hay contradicción en sus diferencias?

Como buen periodista, cada escritor de los evangelios

tenía un propósito específico para su relato. Tenía en mente un público específico. Por definición, tenía que omitir la mayor parte de lo que sabía (¡de lo contrario, nunca habría terminado de escribir!). Omitir detalles secundarios y terciarios no es nada malo: es lo que hace *todo* buen escritor.

En realidad, sus diferencias no se contradicen, sino que se complementan.

Entonces, ¿ante quién negó Pedro a Jesucristo? Cualquier buen periodista puede armonizar los cuatro relatos evangélicos con bastante facilidad:

- Primera negación: una criada que habló con otra criada sobre Pedro.
- Segunda negación: las dos criadas y otros que se enfrentaron a Pedro.
- Tercera negación: un grupo más numeroso de espectadores, entre ellos un criado que estaba enojado con Pedro.

Conclusión: A lo largo de los años, los críticos han citado las tres negaciones de Pedro como la «prueba definitiva» de que la Biblia contiene errores. Sin embargo, sus inflexibles comentarios no están respaldados por los relatos bíblicos reales.

ORA:

Sí, Señor, quiero volver a decirte «¡Gracias!» porque el periodismo deportivo me ayuda a resolver rápida y fácilmente las diferencias entre los relatos de los cuatro evangelios.

Armonía en el Antiguo Testamento

Lee Éxodo 24.1-18

VERSÍCULO CLAVE:

Y Moisés escribió todas las palabras de Jehová.
Éxodo 24.4

ENTIENDE:

- ¿Qué se tragó al profeta Jonás? ¿Una «ballena» o un «gran pez» (Jonás 1.17)?
- Utilizando la(s) Biblia(s) que tienes, ¿cuánto tardas en determinar la respuesta correcta?

APLICA:

Los críticos y escépticos no solo se han basado en las aparentes contradicciones en torno a las tres negaciones de Pedro. También han citado aparentes contradicciones en otros relatos paralelos, incluidos estos ejemplos:

- Quién incitó al rey David a contar al pueblo (2 Samuel 24.1 vs. 1 Crónicas 21.1)
- Quién mató a Goliat (1 Samuel 17.49-51 y 21.9 vs. 2 Samuel 21.19)
- Quién era el dueño de la era (2 Samuel 6.6 vs. 1 Crónicas 13.9)
- Qué ciudad conquistó el rey David (2 Samuel 8.1 vs. 1 Crónicas 18.1)
- Cuántos enemigos murieron (2 Samuel 23.8 vs. 1 Crónicas 11.11)

- Cuánto pagó el rey David (2 Samuel 24.24 vs. 1 Crónicas 21.24-25)

Afortunadamente, todos estos problemas tienen fácil solución.

En el pasado, los críticos también argumentaban que la Biblia contiene errores históricos. Afirmaban que las Escrituras atribuyen erróneamente a Moisés la autoría de Génesis a Deuteronomio, «aunque la escritura no se inventó hasta después de su muerte». Sin embargo, hace tiempo que los expertos demostraron que los críticos estaban equivocados. Estos expertos pueden señalar más de media docena de lenguas escritas que se remontan a antes de la época de Moisés.

ORA:

Sí, Señor, quiero decir «¡Gracias!» porque esto también se aplica cuando leo relatos diferentes en las Escrituras hebreas. Nunca volveré a ver el periodismo deportivo de la misma manera.

La Biblia tiene raíces históricas

Lee Hechos 2.14-41

VERSÍCULO CLAVE:

Por consiguiente, sepa con seguridad todo Israel que Dios ha constituido Señor y Mesías a este mismo Jesús a quien ustedes han crucificado.
Hechos 2.36 BLPH

ENTIENDE:

- Tras su resurrección, Jesús se apareció a sus discípulos por cuarenta días y luego ascendió de nuevo al cielo. Su miedo inicial dio paso a una audacia y valentía pocas veces vistas en la historia de la humanidad. ¿Qué provocó ese cambio tan radical en sus corazones y mentes?

- Diez días después de la ascensión de Jesús, Pedro predicó con denuedo el evangelio a miles de personas. ¿A qué apeló? A las Escrituras hebreas, sí. ¿Qué más?

APLICA:

Los escritores bíblicos a menudo se tomaron la molestia de dejar constancia de la exactitud histórica de sus escritos. Aquí tienes algunos breves ejemplos del Nuevo Testamento:

- Juan verificó la muerte física real de Jesucristo recordando a sus lectores que fue testigo presencial de los últimos momentos de Jesús en la cruz (Juan 19.34-35).

- Pedro apeló a lo que sabía la multitud cuando habló de Jesús el día de Pentecostés (Hechos 2.22). Si hubiera estado inventando una historia, habría recibido una respuesta muy diferente al final de su sermón.
- Pablo apeló al conocimiento del rey Agripa cuando le habló Jesucristo (Hechos 26,26). Jesucristo y sus discípulos no habían realizado sus milagros en ningún rincón apartado: todo el mundo los conocía.
- Pablo dijo que negar la posibilidad de que alguien resucitara de entre los muertos era negar el hecho histórico evidente de la resurrección de Jesucristo (1 Corintios 15.1-8).
- Pedro afirmó con razón que fue testigo presencial de uno de los milagros más gloriosos de Jesucristo: la transfiguración (2 Pedro 1.16-18).
- A finales del siglo I, Juan recordó a los primeros cristianos que él y otros habían tocado repetidamente a Jesucristo (1 Juan 1.1-3).

ORA:

Sí, Señor, quiero decirte «¡Gracias!» porque el judaísmo y el cristianismo están arraigados en la historia, a diferencia de otras religiones.

La Biblia y la ciencia

Lee Romanos 1.16-23

VERSÍCULO CLAVE:

Porque las cosas invisibles de él, su eterno poder y deidad, se hacen claramente visibles desde la creación del mundo, siendo entendidas por medio de las cosas hechas, de modo que no tienen excusa.
Romanos 1.20

ENTIENDE:

- ¿Sabías que los antiguos chinos, indios, mesopotámicos, babilonios, egipcios, griegos y romanos celebraban (y a veces convertían en armas) los descubrimientos científicos?

- ¿Sabías que estas antiguas civilizaciones desarrollaron el método empírico (científico), la geometría, las matemáticas avanzadas, la astronomía, el atomismo, el razonamiento deductivo, la física y muchas cosas más?

APLICA:

Algunos críticos han argumentado que la Biblia contiene errores científicos. Afirman que la Biblia habla incorrectamente cuando dice que el sol «se pone» (ver Efesios 4.26). Señalan como si nada que Galileo desacreditó este concepto hace siglos. Sin embargo, a pesar de las críticas, la idea de que el sol «se pone» sigue formando parte de nuestro idioma. A casi todo el mundo le gusta contemplar un amanecer o una puesta de sol espectaculares. Todos los días, las agencias de noticias de todo el país informan las horas de salida y puesta del sol.

Entre otros «problemas» científicos tenemos estas dos falsas ideas:

1. *La Biblia no se puede demostrar científicamente.* El problema está en una confusión por parte de los críticos. El método científico es una prueba muy limitada. No puede probar hechos históricos (Abraham Lincoln fue presidente de Estados Unidos), criterios musicales (Mozart fue un compositor brillante), principios de fe (Jesucristo es el Hijo de Dios) o asuntos del corazón (amas a tu familia).

2. *La uniformidad de la naturaleza hace imposible la intervención sobrenatural (milagros).* Por supuesto, estos críticos no tienen en cuenta a Dios. Si Dios *es* Dios, puede hacer lo que quiera, incluso anular los principios que rigen su creación. Además, la teoría científica del universo como sistema absolutamente uniforme está desfasada desde hace más de medio siglo.

ORA:

Sí, Señor, quiero decir «¡Gracias!» porque los supuestos errores científicos de la Biblia son ellos mismos un error. Sí, ya sé que la Biblia no es un libro de ciencias. Sé que emplea figuras retóricas. Aun así, puedo confiar en ella de principio a fin.

La armonía de la Biblia con la ciencia

Lee Salmos 19.1-6

VERSÍCULO CLAVE:

Los cielos proclaman la grandeza del Señor, el firmamento pregona la obra de sus manos.
SALMOS 19.2 BLPH

ENTIENDE:

- Los descubrimientos científicos dan lugar a más descubrimientos. A veces, los nuevos descubrimientos corrigen ideas erróneas. ¿Eso es bueno o malo?

- Aún no sabemos cuántos cientos de miles de millones de estrellas hay tan solo en nuestra galaxia. Las estimaciones varían hasta en un tercio de billón de estrellas. ¿Eso es bueno o malo?

APLICA:

Aunque la Biblia no es un libro de texto de ciencias, sus descripciones científicas no contienen verdaderos problemas. De hecho, muchas de sus afirmaciones, aunque eran contrarias al pensamiento científico de la época, hace tiempo que se demostraron ciertas. Aquí tienes cuatro ejemplos:

1. Muchos cientos de años antes de que se propusiera la teoría de la circulación de la

sangre dentro del cuerpo, la Biblia proclamaba que la vida está en nuestra sangre (Génesis 9.4).

2. Las civilizaciones antiguas solían creer que la Tierra se apoyaba en algún soporte, como el lomo de un gran reptil o un conjunto de pilares. Pero Job 26.7 declara: «Él [Dios] extiende el norte sobre vacío; cuelga la tierra sobre nada».

3. El astrónomo griego Hiparco (c. 190-120 a.C.) afirmó con seguridad: «Solo hay 1.056 estrellas en los cielos. Las he contado». En el siglo II d.C., Ptolomeo contó 1.056 y convino en que no existían más. Sin embargo, Jeremías 33.22 insiste: «El ejército [estrellas] del cielo no se puede contar». Galileo no miró las estrellas por el telescopio hasta 1610 y demostró que la Biblia tenía razón.

4. En una noche clara, muchas de las estrellas que aparecen en el cielo se parecen. Sin embargo, los astrónomos modernos han fotografiado millones y han descubierto que no hay dos idénticas. Pablo habló de esto hace casi 2.000 años: «Una estrella es diferente de otra en gloria» (1 Corintios 15.41).

ORA:

Sí, Señor, quiero decirte «¡Gracias!» por recordarme que la Biblia está en armonía con importantes verdades científicas.

La clara moralidad de la Biblia

Lee Judas 1.1-25

VERSÍCULO CLAVE:

Pero esa gente se burla de cosas que no entiende. Como animales irracionales, hacen todo lo que les dictan sus instintos y de esta manera provocan su propia destrucción.
JUDAS 1.10 NTV

ENTIENDE:

- Los primeros cristianos fueron a menudo martirizados por su fe inquebrantable en Jesucristo. ¿Eso era bueno o malo?
- Por otra parte, pocos de los primeros cristianos estuvieron dispuestos a ser martirizados en protesta por el infanticidio, por no hablar de las luchas a muerte de gladiadores y otros espantosos deportes sangrientos. ¿Eso era bueno o malo?

APLICA:

Algunos críticos han argumentado que la Biblia contiene errores morales. Afirman que Jesús y sus discípulos violaron uno de los Diez Mandamientos al trabajar en sábado. ¿Lo hicieron? En Mateo 12.1-2, los fariseos dijeron enfáticamente que sí. Según su lista de normas, alguien «trabajaba» si atravesaba un campo cuando las espigas estaban maduras. Sin embargo, su reglamento iba mucho más allá de lo que decía el Antiguo Testamento.

De hecho, Deuteronomio 23.25 dice que una persona podía tomar grano del campo de otro si tenía hambre. Jesús dijo que Él vino a cumplir la ley (Mateo 5.17), pero tuvo poca paciencia con los que oprimían a las multitudes con todas sus regulaciones humanas.

Entre otros «problemas» morales tenemos estas dos críticas dudosas:

1. *La Biblia está llena de sexo y violencia.* Es cierto que la Biblia no pasa por alto la vida violenta y a veces lujuriosa de las personas que menciona. Sin embargo, el propósito de la Biblia no es proporcionar un entretenimiento burdo, sino ofrecer ejemplos claros de lo que honra a Dios y lo que no.

2. *La Biblia es a menudo ofensiva.* Es cierto que la Biblia habla del juicio final de Dios contra los que hacen el mal y da muchos ejemplos de su juicio aquí en la tierra. Sin embargo, el verdadero problema moral no está en el Señor ni en su Palabra, sino en quienes se erigen en jueces de ambos.

ORA:

Sí, Señor, quiero decir «¡Gracias!» por la moralidad intrínseca y fundamental de tu Palabra, que me recuerda diariamente tu absoluta santidad, rectitud y justicia.

Cómo gestionar las dudas

Lee 1 Juan 2.1-3.3

VERSÍCULO CLAVE:

Si les escribo, no es porque desconozcan la verdad; de hecho la conocen y saben que mentira y verdad se excluyen mutuamente.
1 JUAN 2.21 BLPH

ENTIENDE:

- Jesús y los apóstoles reconocieron que los hombres tienen dudas por naturaleza. ¿Qué es lo contrario de la duda?
- ¿Qué otra cosa es lo contrario de la duda?

APLICA:

Si no las tratas, las dudas se agudizarán en tu alma y pueden conducir a una falta de fe o a la incredulidad total. Así que, hagas lo que hagas, ¡no puedes ignorar las dudas!

En lugar de eso, aquí te indico cómo manejarlas:

Revelación. Tienes que volver a la pregunta: *¿Cómo sabes lo que crees?* La respuesta es que Dios ha revelado su mensaje en un libro llamado Biblia. En este libro encontrarás todas las respuestas que necesitas para la vida y la piedad. No encontrarás respuestas a todas las preguntas difíciles de la vida. Pero la mayoría de ellas se responden con mucha más autoridad y claridad de la que han proporcionado miles de años de filosofía.

Autoridad. Tienes que abordar la cuestión: *¿Quién decide lo que es verdad?* En última instancia, la respuesta es Dios. Él ha declarado su posición muy claramente en las Escrituras. La Palabra de Dios es nuestra autoridad absoluta para la fe y la práctica.

Inspiración. Tienes que abordar la cuestión: *¿La Escritura es inspirada por Dios?* La propia Biblia dice que sí. Los padres de la iglesia primitiva decían lo mismo. También creían que la Biblia contenía un mensaje y una historia unificados.

Doctrina. Tienes que luchar con la pregunta: *¿En qué crees?* La respuesta está en las enseñanzas de tu denominación o tu iglesia. En la medida en que tengan una base sólida en las Escrituras, puedes confiar en ellas. La respuesta también está en tus propias creencias y convicciones, y en tus preguntas y dudas.

ORA:

Sí, Señor, quiero decirte «¡Gracias!» por esta nueva perspectiva sobre las dudas. Me alegro de que tener dudas sea algo bueno. Gracias también por enseñarme a gestionarlas.

Las dudas abundan en un mundo caído

Lee Marcos 9.14-32

VERSÍCULO CLAVE:

E inmediatamente el padre del muchacho clamó y dijo: Creo; ayuda mi incredulidad.
MARCOS 9.24

ENTIENDE:

- ¿Qué ocurre cuando intentas enterrar tus dudas?
- ¿Qué otra cosa sucede?

APLICA:

Hasta los cristianos más piadosos tienen luchas con las dudas. Las dudas son un resultado secundario natural de tomar en serio la Palabra de Dios cuando se vive en un mundo caído.

Tienes que llevar tus preguntas más difíciles al Señor. La Biblia deja claro que Jesús puede disipar las dudas (Mateo 14.25-31 y Lucas 24.36-45).

¿De dónde vienen las dudas? Hay cinco posibles orígenes:

- La vida ha sido muy dolorosa para ti.
- Te preguntas si algo de lo que dice la Escritura es demasiado bueno para ser verdad.
- Tienes una percepción incorrecta de Dios o de las Escrituras.

- Te han presentado ideas falsas.
- Estás luchando contra la depresión.

¿Cómo salir de las dudas? Aquí tienes siete respuestas:

- Cuéntale a Dios lo que ha pasado.
- Pide a Dios que escudriñe tu corazón.
- Lee las Escrituras y estudia lo que dicen.
- Afirma lo que crees, obedece y presta atención.
- Pídele al Señor que hable a tu corazón cuando lees y oras.
- Pídele a Dios que te llene del Espíritu Santo y te enseñe.
- Habla con alguien a quien respetes por su fe.

No es pecado tener dudas, todo el mundo las tiene. No finjas que no las tienes. Y hagas lo que hagas, no las escondas. En lugar de eso, encara tus dudas de frente. Aborda cada una de las que surjan. ¡Al final tu fe será más fuerte!

ORA:

Sí, Señor, quiero decirte «¡Gracias!» por aliviar mis preocupaciones sobre las dudas que he tenido. Por favor, ayúdame a resolver y eliminar cualquier duda que tenga en los próximos días.

Al Señor le encantan las preguntas

Lee Lucas 2.39-52

VERSÍCULO CLAVE:

Tres días después, por fin lo encontraron [a Jesús] en el templo, sentado entre los maestros religiosos, escuchándolos y haciéndoles preguntas.
LUCAS 2.46 NTV

ENTIENDE:

- ¿Cuáles son las ventajas de hacer preguntas?
- ¿Cuáles son los beneficios de obtener respuestas fundamentadas?

APLICA:

Cuando se estudia la Biblia, hay que involucrarse plenamente: mente, voluntad y emociones. El estudio de la Biblia no significa la aceptación ciega o pasiva de lo que dicen las Escrituras. Todo lo contrario.

Hagas lo que hagas, tienes que seguir haciéndote preguntas.

Cinco datos rápidos sobre plantearse preguntas:

1. Las personas más inteligentes del mundo hacen muchas preguntas.

2. El hombre que no hace preguntas o no se preocupa o tiene miedo.

3. El hombre que teme hacer preguntas no sabe a quién preguntar, le preocupa parecer tonto o

tiene miedo de la respuesta.

4. El hombre que teme la respuesta quiere creer que algo es cierto sí o sí —aunque no lo sea— o teme más el rechazo del que responde que la propia respuesta.

5. Afortunadamente, Dios no te reprende cuando haces preguntas sinceras.

   a. ¿Está bien hacer preguntas cuando se ora a Dios? (Ver Habacuc 1.12-13.)

   b. ¿Está bien preguntarle a Dios: «Por qué dejaste que esto sucediera»? (Ver Malaquías 3.13-15.)

   c. ¿Está bien hacer preguntas sobre la Palabra de Dios? (Ver Hechos 8.30-35.)

   d. ¿Está bien hacer preguntas en la iglesia? (Ver Hechos 15.1-11.)

ORA:

Sí, Señor, quiero decirte «¡Gracias!» por animarme a hacer preguntas. Eso me ayuda y me motiva. Quiero amarte con todo mi corazón, mi alma, mis fuerzas y mi mente.

Tener el panorama completo

Lee Lucas 24.13-53

VERSÍCULO CLAVE:

Y les dijo: Estas son las palabras que os hablé, estando aún con vosotros: que era necesario que se cumpliese todo lo que está escrito de mí en la ley de Moisés, en los profetas y en los salmos.

Lucas 24.44

ENTIENDE:

- ¿Hasta qué punto Jesús (y más tarde los discípulos) conocía las Escrituras del Antiguo Testamento?
- ¿Qué importancia tiene para ti conocer la Biblia de principio a fin?

APLICA:

Cuando tengas el panorama completo, ¡siempre podrás ver el diseño de la Biblia!

Un autor, cuarenta escritores

A diferencia de otros libros, la Biblia no indica ningún autor en la portada ni en las páginas titulares. Por otra parte, la Biblia no es un libro cualquiera. Dios es su autor. Él inspiró a un grupo diverso de cuarenta personas para escribir la Biblia a lo largo de mil seiscientos años. El primer escritor fue Moisés, que escribió los cinco primeros libros. Otros escritores importantes son David, Salomón, Isaías, Jeremías, Ezequiel, Daniel, Oseas, Mateo, Marcos, Lucas, Pablo, Santiago y Pedro. El último escritor fue Juan, que escribió el cuarto evangelio, tres cartas y el libro del Apocalipsis. El Espíritu Santo guio a todas estas personas en lo que escribieron.

Sesenta y seis libros, una historia

La Biblia tiene un total de sesenta y seis libros. Dado que Dios inspiró a todos los escritores, la Biblia contiene un mensaje unificado de principio a fin. De hecho, la primera página habla del principio de los tiempos. La última página habla del fin de los tiempos tal y como los conoces. En medio se desarrolla la historia de la Biblia en todo su dramatismo, conflicto, violencia, ironía y gloria. El héroe de la Biblia es Jesucristo. Los enemigos de Jesucristo son Satanás, los impíos y la muerte. Todas las cosas y personas de las primeras tres cuartas partes de la Biblia prefiguran la vida, muerte, sepultura y resurrección de Jesucristo (o la inútil oposición final de sus enemigos).

¡Y hay más!

ORA:

Sí, Señor, quiero decir «¡Gracias!» porque estoy leyendo y estudiando la Biblia. Quiero seguir haciéndolo mucho después de terminar este libro.

Ver más del panorama completo

Lee Hechos 6.1-7

VERSÍCULO CLAVE:

El mensaje de Dios se extendía y el número de discípulos aumentaba considerablemente en Jerusalén. Incluso fueron muchos los sacerdotes que abrazaron la fe.
HECHOS 6.7 BLPH

ENTIENDE:

- ¿Cuánto has leído ya de la Biblia?
- ¿Cuánto te gustaría leer en los próximos diez o doce meses?

APLICA:

Con el tiempo, proponte leer los sesenta y seis libros de la Biblia. Cierto, cuando termines, puede que pienses: *¡Vaya, no lo he entendido todo!* Por eso es importante dar prioridad a la lectura de toda la Biblia cada año.

Para ello, acostúmbrate a comprar cada otoño el éxito de Barbour Español *Sabiduría diaria para hombres*. Después, usa su «Plan de lectura de la Biblia en un año», que aparece en la contraportada de cada edición anual.

Cuando se tiene una visión del panorama completo, la Biblia se entiende mucho mejor al leerla.

Una obra, dos testamentos

Como algunos libros, la Biblia está dividida en dos partes (llamadas *testamentos,* que es otra forma de decir *pactos*). Esta listas muestran claramente cómo cada testamento se divide en cuatro secciones distintas y lógicas:

Antiguo Testamento

1. Pentateuco: Génesis-Deuteronomio (cinco libros escritos por Moisés)

2. Historia: Josué-Ester (autores anónimos en su mayoría)

3. Literatura: Job-Cantar de los Cantares (principalmente de David y Salomón)

4. Profetas: Isaías-Malaquías (por más de quince autores)

Nuevo Testamento

1. Evangelios: Mateo-Juan (por cuatro escritores)

2. Hechos (por Lucas)

3. Cartas: Romanos-Judíos (por Pablo, Santiago, Pedro, Juan y Judas)

4. Apocalipsis (por Juan)

ORA:

Sí, Señor, quiero decirte «¡Gracias!» por retarme a leer toda la Biblia. Ya sabes lo que he leído y lo que no hasta ahora. ¡Más panorámicas y premios por delante!

Los cinco primeros libros del Antiguo Testamento

Lee Génesis 15.1-6

VERSÍCULO CLAVE:

Y Abram creyó al Señor, y el Señor lo consideró justo debido a su fe.
Génesis 15.6 NTV

ENTIENDE:

- ¿Qué tiene que enseñarnos Moisés 3.500 años después?
- ¿Quién enseñó a Moisés?

APLICA:

Antes de leer toda la Biblia, conviene profundizar en cada una de sus secciones, comenzando por sus cinco primeros libros, también llamados Pentateuco. Moisés, uno de los primeros y más grandes profetas del pueblo de Dios, escribió estos libros. Dios eligió claramente a Moisés, lo llamó a servirle y le reveló lo que debía escribir en cada uno de estos cinco libros fundacionales de la Biblia.

Moisés escribió estos libros en un formato narrativo directo y selectivo. (Esto significa que solo pone relatos seleccionados, no todas las historias que podrían contarse sobre Adán y Eva, Noé, Abraham, etc.). Sus relatos de la creación son impresionantes. Moisés escribió importantes relatos épicos de los primeros tiempos de la humanidad. Luego registró las historias de la obra de Dios para crear una nación que sería testigo de Dios ante el mundo. Lamentablemente, esta nación (Israel) se apartó muchas veces de Dios, con resultados desastrosos.

En estos cinco libros, Moisés también incluyó bastantes discursos (de Dios y Moisés), varias bellas secciones poéticas (de Dios, Moisés y posiblemente la hermana de Moisés, María) y unos cuantos registros genealógicos importantes (veremos el valor de esos registros más adelante en las Escrituras).

Las expectativas sobre un Mesías venidero (Jesucristo) aparecen a lo largo de los libros de Moisés, desde Génesis (3.15) hasta Deuteronomio (18.15).

ORA:

Sí, Señor, quiero decirte «¡Gracias!» por haber prometido bendecir al mundo a través de Abraham, el padre de todos los que creen y confían en ti.

Los doce libros siguientes del Antiguo Testamento

Lee Josué 1.1-18

VERSÍCULO CLAVE:

Medita día y noche el libro de esta ley teniéndolo siempre en tus labios; si obras en todo conforme a lo que se prescribe en él, prosperarás y tendrás éxito en todo cuanto emprendas.
Josué 1.8 BLPH

ENTIENDE:

- ¿Verdadero o falso? «La experiencia es el mejor maestro, sobre todo las experiencias de los que nos han precedido».

- En Romanos 15.4, ¿qué dijo Pablo sobre el valor de las Escrituras hebreas?

APLICA:

Antes de leer el Antiguo Testamento, conviene profundizar en la segunda sección. Esa sección la constituyen los libros de historia, y contiene doce libros. Josué, Esdras y otros escribieron estos libros. Narran la historia del pueblo de Dios, la nación israelita, durante mil años, desde la muerte de Moisés (hacia el 1400 a.C.) hasta la finalización del Antiguo Testamento (después del 450 a.C.). Al igual que Moisés, Josué, Esdras y los demás autores escribieron estos libros en un formato narrativo directo y selectivo.

Los relatos de las primeras hazañas de Josué son

fascinantes. A continuación, Josué registró cómo los israelitas se repartieron y se asentaron en la tierra prometida. Desgraciadamente, los israelitas se rebelaron a menudo contra el Señor, se pelearon entre ellos y, tras un período de gran prosperidad, volvieron a pelearse y se dividieron en dos reinos. El reino del Norte, Israel (diez tribus israelitas), nunca regresó al Señor y finalmente el Imperio asirio lo conquistó (722 a.C.). El reino del Sur, Judá (dos tribus), volvió al Señor en varias ocasiones, pero finalmente el Imperio babilónico, la nueva potencia, lo conquistó (586 a.C.).

Tras los setenta años de cautiverio babilónico, un remanente del pueblo de Judá (e Israel) regresó a la antigua tierra prometida, reconstruyó Jerusalén y trató de empezar de nuevo. En estos doce libros de historia encontrarás no solo narraciones, sino también discursos, poesías, oraciones y genealogías.

ORA:

Sí, Señor, quiero decirte «¡Gracias!» por la forma en que desafiaste, fortaleciste y bendijiste a Josué. Por favor, haz esas tres cosas también en mi vida.

La segunda mitad del Antiguo Testamento

Lee Salmos 1.1-6

VERSÍCULO CLAVE:

Es como un árbol plantado junto al arroyo: da fruto a su tiempo y no se secan sus hojas; consigue todo cuanto emprende.
SALMOS 1.3 BLPH

ENTIENDE:

- ¿A quién bendice Dios abundantemente?
- ¿Quieres ser un hombre bendecido por Dios? Si es así, ¿cuándo?

APLICA:

El resto de las Escrituras hebreas presenta una gran variedad de estilo, tono y contenido. Esta segunda mitad de las Escrituras hebreas contiene las dos secciones siguientes:

Literatura. Esta sección contiene cinco libros. David y Salomón escribieron la mayoría de ellos, pero también se incluyen escritos de Moisés y muchos otros colaboradores. Estos cinco libros presentan lo mejor de cinco tipos de literatura hebrea escrita entre el 1450 a.C. (el salmo 90, de Moisés, probablemente antes de que el Señor lo llamara para liberar a los israelitas de la esclavitud en Egipto) y el 450 a.C. (el salmo 137, de Jeremías, según la antigua tradición judía). Entre los tipos de literatura tenemos drama, letras de alabanza, dichos sabios, un sermón y una canción de amor.

La predicción de la venida de Jesucristo se hace evidente sobre todo en más de una docena de salmos que contienen detalladas profecías mesiánicas.

Profetas. Esta sección contiene diecisiete libros, escritos por Isaías, Jeremías, Ezequiel y Daniel (conocidos como los *profetas mayores*) y otros doce profetas (conocidos como los *profetas menores*, pero «menores» solo en el sentido de que escribieron libros más cortos). Isaías y los demás escribieron estos libros en género profético, en gran parte en forma poética con algunos interludios narrativos. Estos libros contienen una serie de mensajes de Dios que datan del 850 a.C. hasta algún momento después del 450 a.C.

Muchos de estos mensajes proféticos llaman a los israelitas a arrepentirse de sus pecados y volver al Señor. Otros mensajes predicen acontecimientos futuros, incluido el juicio de Dios sobre los reinos de Israel y Judá y las naciones circundantes.

La expectativa ante la llegada del Mesías también está muy presente en estos escritos proféticos.

ORA:

Sí, Señor, quiero decirte «¡Gracias!» por prometer bendecir al hombre que medita en tu Palabra día y noche. Quiero empezar tomándome muy en serio el versículo clave de hoy.

Los años de silencio

Lee Daniel 9.1-27

VERSÍCULO CLAVE:

Sabe, pues, y entiende, que desde la salida de la orden para restaurar y edificar a Jerusalén hasta el Mesías Príncipe, habrá siete semanas, y sesenta y dos semanas.
Daniel 9.25

ENTIENDE:

- Si Jesús hubiera nacido cincuenta años antes o cincuenta años después, ¿esa diferencia habría importado? ¿Por qué sí o por qué no?

- ¿Verdadero o falso? «En su sabiduría, Dios organizó la Navidad y el Calvario en el momento justo». Si es cierto, ¿qué importancia tiene?

APLICA:

Tras el final del Antiguo Testamento, parece que Dios guardó silencio por más de cuatrocientos años. ¿Por qué esperó Dios tanto tiempo antes de enviar a Jesucristo a este mundo?

Una profecía del libro de Daniel tiene parte de la clave de la respuesta. En Daniel 9.24-27, el profeta predijo que debían pasar más de cuatrocientos años desde el regreso del cautiverio hasta que el Mesías viniera y fuera «cortado». Ese tiempo se estaba acercando cuando Jesús comenzó su ministerio público entre un pueblo que anhelaba y anticipaba la venida del Mesías.

El propósito de Dios de esperar tanto tiempo se explica también por la situación cultural y política de Palestina en el siglo I d.C. Tres pueblos ejercieron una enorme influencia en los tiempos de Jesucristo y de su recién nacida iglesia.

> 1. *Los griegos.* Los griegos habían dominado el mundo y su cultura influyó en los romanos. Los griegos desaparecieron de la escena política, pero su idioma sobrevivió como lengua universal del mundo durante muchos años. El Nuevo Testamento se escribió en griego. La cultura griega, en particular su filosofía, influyó mucho en el pensamiento del siglo I d.C.

¡Hay más!

ORA:

> *Sí, Señor, quiero decir «¡Gracias!» por tu soberanía y providencia. Tu plan desde toda la eternidad se ha venido desarrollando exactamente como Tú lo decretaste.*

Más sobre los años de silencio

Lee Malaquías 3.1-18

VERSÍCULO CLAVE:

Desde la época de sus antepasados se han apartado de mis estatutos y no los han guardado. Vuélvanse a mí y yo me volveré a ustedes —dice el Señor de los Ejércitos—. Pero ustedes preguntan: «¿En qué sentido tenemos que volvernos?».
Malaquías 3.7 NVI

ENTIENDE:

- ¿Qué dice Pablo en Gálatas 4.4 sobre el momento elegido por Dios para enviar a Su Hijo?

- ¿Cómo lo organizó Dios todo? ¿Usando sobre todo a ángeles buenos o sobre todo a hombres incrédulos?

APLICA:

Hubo otros dos pueblos que ejercieron una tremenda influencia en los tiempos de la vida de Jesucristo y de su iglesia recién nacida:

2. *Los romanos.* Unos sesenta años antes del nacimiento de Jesucristo, surgió el Imperio romano (el último gran imperio mundial). En aquella época, los romanos dominaban todo el Mediterráneo y el resto del mundo conocido. Los césares trajeron la paz mundial bajo un

gobierno único, lo que ayudó a la iglesia primitiva en su expansión desde Palestina. Además, los romanos mejoraron sensiblemente las vías de transporte y eso dio a los primeros misioneros la oportunidad de llevar el evangelio de Jesucristo a nuevas regiones. No fue hasta después del año 60 d.C. cuando el imperio comenzó la persecución contra los cristianos.

3. *Los judíos.* El pueblo judío había vivido en Palestina por casi mil cuatrocientos años. Entonces se encontraron bajo el yugo de Roma, y a la mayoría le resultaba indeseable. La esperanza del pueblo judío era ser liberado de la dominación romana. Lamentablemente, el judaísmo había pasado de ser una religión basada en la fe a una pesada compilación de leyes y tradiciones humanas. Los líderes y la gente ya no adoraban a Dios, y pronto Jerusalén y el judaísmo palestino fueron destruidos (70 d.C.).

A esta situación mundial vino Jesucristo para reconducir a las personas (a todas: judías y gentiles) de vuelta a Dios. El Señor esperó hasta el momento oportuno.

ORA:

Sí, Señor, quiero decir «¡Gracias!» por tu justa y perfecta elección del momento. Los antiguos imperios no sabían que Tú orquestaste su ascenso y su caída. Tus caminos son mucho más elevados que los del hombre.

Los cinco primeros libros del Nuevo Testamento

Lee Juan 1.1-18

VERSÍCULO CLAVE:

Porque la ley fue dada por medio de Moisés, pero la gracia y la verdad nos vinieron por medio de Jesucristo.
JUAN 1.17 BLPH

ENTIENDE:

- ¿Qué quiere Dios que hagas al leer los cuatro evangelios?
- ¿Qué quiere Él que hagas al leer Hechos?

APLICA:

Antes de leer el Nuevo Testamento, conviene profundizar en cada sección. Las dos primeras secciones son:

Los Evangelios. Esta sección contiene cuatro libros, escritos por Mateo, Marcos, Lucas y Juan. Estos cuatro hombres nos hablan de la importancia de la divinidad, el nacimiento, la vida, el ministerio, las enseñanzas, los milagros, el sufrimiento, la muerte, la sepultura, la resurrección, la ascensión, el reinado celestial y el futuro regreso de Jesucristo. Mateo y los demás escribieron estos libros en el género evangélico, principalmente en estilo narrativo, con varias secciones de discurso, algunos pasajes poéticos y oraciones, y dos genealogías.

El periodo clave de tiempo que abarcan los evangelios se extiende desde aproximadamente el año 6 a.C. hasta el 30 d.C., que son los años en que Jesús vivió en este mundo. La expectativa del Mesías venidero se hace realidad, y el Señor ofrece a todos la buena nueva (el evangelio) de la salvación.

Hechos. Esta sección contiene un libro, escrito por Lucas. Retoma la narración en los últimos momentos de Jesús en la tierra, cuenta el nacimiento de la iglesia y muestra cómo esta se extendió desde Jerusalén y Judea hasta Samaria, y después a muchas regiones de todo el Imperio romano, desde el año 30 hasta el 61 d.C. aproximadamente. El mensaje de la iglesia es claro: cree en Jesucristo, el Salvador del mundo. Algunos recibieron la Buena Nueva con los brazos abiertos; muchos otros, con mucha resistencia. En este libro se enfatiza mucho el tema de Jesucristo como Mesías.

ORA:

Sí, Señor, quiero decir «¡Gracias!» por los Evangelios y los Hechos. Es maravilloso leer acerca de tu Hijo y nuestro Señor y Salvador, Jesucristo, y su obra a través de los apóstoles y la iglesia primitiva.

La segunda mitad del Nuevo Testamento

Lee Romanos 1.1-17

VERSÍCULO CLAVE:

Pues no me avergüenzo de la Buena Noticia acerca de Cristo, porque es poder de Dios en acción para salvar a todos los que creen, a los judíos primero y también a los gentiles.
ROMANOS 1.16 NTV

ENTIENDE:

- ¿Te sorprende que gran parte del Nuevo Testamento se escribiera para iglesias llenas de problemas?

- Si no te sorprende, explica por qué.

APLICA:

Antes de leer el Nuevo Testamento, conviene profundizar en las secciones más extensas y más breves:

Cartas. Esta sección contiene veintiún libros, escritos por Pablo, Santiago, Pedro, Juan y Judas. Estos veintiún libros presentan cómo deberían ser (y cómo no deberían ser) la vida, el ministerio y el mensaje de la iglesia. La mayoría de los libros aborda problemas de las primeras iglesias. Sin embargo, muchas secciones ofrecen explicaciones positivas de las enseñanzas y prácticas cristianas. Pablo y los demás autores escribieron estos libros en género epistolar, principalmente como discurso, con algo de poesía y oraciones. La mayoría de estos libros se escribieron entre el 45 y el 70 d.C., pero es posible que Juan escribiera sus varias cartas más breves después del 85 d.C. A lo largo de estas cartas se proclama claramente el tema de Jesucristo como Mesías.

Apocalipsis. Esta sección contiene un libro, escrito por el apóstol Juan hacia el año 95 d.C. Juan escribió este libro en estilo apocalíptico, envolviendo poesía y discurso en un marco narrativo. En muchos aspectos, este libro nos trae de nuevo la pasión y algunos de los temas de los profetas del Antiguo Testamento: arrepiéntanse de sus pecados, vuélvanse a Dios y prepárense para los juicios pendientes del Señor sobre toda la tierra.

Curiosamente, el tema de Apocalipsis no es tanto *cómo se acaba el mundo*, sino más bien *cómo acabará tu vida, si acabarás manteniéndote fiel al Señor o no*. El Señor Jesucristo recibe claramente adoración como Hijo de Dios, Mesías y Salvador del mundo.

ORA:

Sí, Señor, quiero decir «¡Gracias!» por la Buena Nueva sobre Jesucristo. Es tu poder en acción, salvando a todos los que confían en ti. Yo soy uno de los tuyos, creo.

Más años de silencio

Lee Apocalipsis 22.1-21

VERSÍCULO CLAVE:

Entonces el ángel me dijo: «Todo lo que has oído y visto es verdadero y digno de confianza».
APOCALIPSIS 22.6 NTV

ENTIENDE:

- En 2 Pedro 3.8, el apóstol nos dijo que no olvidáramos algo. ¿Qué no debemos olvidar?
- En Salmos 90.4, el profeta Moisés dijo algo parecido. ¿Por qué ha sido tan importante recordar esta verdad a lo largo de la historia?

APLICA:

Tras la conclusión del Nuevo Testamento, parece que Dios ha guardado silencio por casi 2.000 años. En realidad, Dios ha estado hablando poderosamente en los sesenta y seis libros de la Biblia, que fácilmente llenan mil páginas en la mayoría de las Biblias.

Durante los dos últimos milenios, Dios ha usado las Escrituras para edificar su iglesia en todo el mundo. En la actualidad, hay más de 2.500 millones de personas que se consideran cristianas. Incluso en los rincones más remotos del mundo, a pesar de la intensa persecución, hay personas de todas las naciones, pueblos y lenguas que están comenzando a creer.

Parte de la clave de la expansión de la iglesia ha sido la

traducción, publicación, lectura y enseñanza de la Biblia entre miles de grupos. Esa expansión se ha acelerado a un ritmo vertiginoso en las dos últimas generaciones.

Lee y estudiar la Biblia no es un lujo. Es la forma en que la fe cristiana echa raíces en tu corazón y se comparte con los demás.

Antes de terminar las últimas dos docenas de páginas de este *Estudio bíblico de 5 minutos para hombres*, comienza a hacer una lista en tu mente. Anota en ella a dos, tres o cuatro amigos cristianos a los que te gustaría invitar a estudiar este libro contigo. Sí, estarás listo para partir. Aun así, ¡no hay nada mejor que llevarse a unos cuantos amigos para que te acompañen a contemplar las panorámicas de las Escrituras!

ORA:

Sí, Señor, quiero decirte «¡Gracias!» porque Tú vives mucho más allá de lo que veo y conozco y pienso como realidad. Todo lo que veo, oigo, huelo, saboreo y siento pasará algún día. Estoy impaciente por estar contigo, en tu presencia, en los cielos nuevos y la tierra nueva.

Dios quiere que preguntes

Lee Mateo 7.7-11

VERSÍCULO CLAVE:

Pidan, y Dios los atenderá; busquen, y encontrarán; llamen, y Dios les abrirá la puerta.
Mateo 7.7 blph

ENTIENDE:

- ¿Cómo te sentirías si hubieras animado activa y repetidamente a un ser querido a que te avisara cada vez que tuviera una necesidad concreta, pero nunca lo hiciera?

- ¿Cómo te sentirías si un primo segundo olvidado hace tiempo apareciera sin avisar, te dijera que oye que te ha ido bien y acto seguido te dijera exactamente lo que quiere de ti?

APLICA:

A falta de dos semanas, disfrutemos de algunas de las panorámicas más famosas de las Escrituras. Hoy vamos a examinar uno que se encuentra en el pintoresco Sermón del Monte.

En sus tres años de ministerio público, Jesús fue un modelo el valor sustancial de la oración. No es oración al aire, sino oración a Dios, nuestro Padre. Y no es solo orar por algo bueno, sino oraciones detalladas y específicas.

¿Cuál es la oración más específica que has pronunciado? ¿Qué tan fervientes fueron tus oraciones? ¿Eras consciente de tu absoluta *necesidad* del Señor, y solo de Él, para salir adelante?

A veces los pobres tienen ventaja. Saben exactamente lo que necesitan y cuándo lo necesitan. Y saben exactamente cómo responder cuando el Señor responde a esas oraciones. Sí, aclaman y dan gracias a Dios con todo su corazón, alma, fuerza y poder.

Ojalá pudiéramos aprender un poco más de su profunda confianza y dependencia de la guía, la bondad y los milagros de Dios. Eso supondría un cambio maravilloso. Aumentaría nuestro amor, fe y confianza en Jesús. Igual que ocurrió con los discípulos hace casi 2.000 años.

ORA:

Gracias, Señor, por tu obra providencial y por tus respuestas a mis oraciones específicas, que aumentan mi fe y mi confianza en ti. Me alegra mucho que quieras que me vuelva hacia ti, siempre.

Dios quiere hacer que tengas más amor

Lee 1 Corintios 12.31-13.13

VERSÍCULO CLAVE:

Aspiren ustedes a los más valiosos entre todos estos dones. Pero me queda por mostrarles un camino que es con mucho el mejor.
1 Corintios 12.31 BLPH

ENTIENDE:

- ¿Qué pasaría si tu mejor amigo o un ser querido se volviera de repente un 25 % más afectuoso contigo? ¿Cuánto crees que tardarías en darte cuenta?

- ¿Y si pudieras ser un 10 % más afectuoso con tus amigos y seres queridos? ¿Qué haría falta para conseguirlo?

APLICA:

¿Cuál es el periodo de tiempo más largo de separación entre tú y tu esposa o tu ser querido más cercano? ¿Una semana? ¿Un mes? ¿Un año? ¿Varios años? En el ejército, la extinción de incendios, los deportes profesionales y muchos otros campos de actividad, la carrera profesional suele ser muy importante.

No fue diferente para los doce. Jesús llamó a Pedro y Andrés, Santiago y Juan, y a cada uno de los demás apóstoles para que le siguieran, y no esperó a que le respondieran. Era un sí instantáneo o un no automático.

¿Qué intentaba enseñarles Jesús en esos tres años de vida en común? Mucho. Pero sobre todo les mostró cómo es la maravillosa y asombrosa misericordia, la gracia y el amor de Dios en carne y hueso.

Cuando leemos los evangelios, a veces extrañamos los codazos y los puñetazos, las risas y las bromas, el humor y el sarcasmo de Jesús. A veces extrañamos los agotadores paseos, las comidas tranquilas, las barbacoas junto a la playa. Todo, *todo*, lo que Jesús dijo e hizo lo hizo totalmente por amor.

ORA:

Señor, hoy no puedo pasar la mayor parte del tiempo contigo, pero Tú ya lo sabes. Aun así, quiero caminar en sintonía con tu voluntad. Por favor, infunde en mi corazón más de tu amor.

Los cabellos de tu cabeza

Lee Hechos 27.9-37

VERSÍCULO CLAVE:

Por favor, por su propio bien, coman algo ahora. Pues no perderán ni un solo cabello de la cabeza.
Hechos 27.34 ntv

ENTIENDE:

- Cuando Pablo dijo esto, ¿qué tipo de promesa estaba haciendo?
- ¿La frase de Pablo debía entenderse literal o metafóricamente?

APLICA:

Tras sobrevivir al naufragio, ninguno de los compañeros de Pablo se puso a comprobar si había perdido cabellos. En cambio, se sintieron profundamente conmovidos al ver que su promesa de parte de Dios se hacía realidad. No se perdió ni un hombre.

Para entender el uso que hace Pablo de la frase «no perderán ni un solo cabello de la cabeza», es útil ver cómo se usaba en tiempos bíblicos. La expresión tiene una larga historia.

El uso de esta frase como metáfora bíblica se remonta a antes del año 1000 a.C. y al inicio de la monarquía israelita unida bajo Saúl, David y Salomón. Las metáforas comunicaban «seguridad» (1 Samuel 14.45, 2 Samuel 14.11 y 1 Reyes 1.52) y «gran número» (Salmos 40.12 y 69.4, ambos atribuidos a David).

Siglos más tarde, tanto durante el cautiverio babilónico como después de él, el uso de esta frase se volvió literal. Sus significados literales hablaban de «seguridad» (Daniel 3.27) y «duelo extremo» (Esdras 9.3).

Durante su ministerio público en este mundo, Jesús usó esta frase con sentido literal y como metáfora. Sus significados literales eran «humanamente imposible» (Mateo 5.36) y «conocido por Dios hasta el más mínimo detalle» (Mateo 10.30 y Lucas 12.7). Su significado metafórico connotaba «seguridad» (Lucas 21.18).

Durante su ministerio apostólico, Pablo utilizó esta frase con el significado metafórico de «seguridad» (Hechos 27.34). En definitiva, ¡no se perdió ni un hombre!

ORA:

Sí, Señor, quiero decirte «¡Gracias!» porque cumpliste tu promesa a Pablo y sus compañeros. Eso me recuerda que debo confiar en tus promesas de perdonar mis pecados, darme la vida eterna y mucho más.

¿En qué pensar?

Lee Filipenses 4.8-13

VERSÍCULO CLAVE:

Por último, hermanos, consideren bien todo lo verdadero, todo lo respetable, todo lo justo, todo lo puro, todo lo amable, todo lo digno de admiración, en fin, todo lo que sea excelente o merezca elogio.
Filipenses 4.8 nvi

ENTIENDE:

- ¿Cuántos minutos al día (fuera del trabajo) eliges activamente en qué vas a pensar?
- ¿Tiendes a elegir activamente basándote en planes deliberados o en el impulso del momento?

APLICA:

Uno de los mayores temores de los hombres es que alguien descubra lo que piensan. Sin embargo, lo que piensas define casi todo lo demás sobre ti. Entonces, ¿por qué tanto miedo? ¿Y cómo se supera?

El apóstol Pablo dio la respuesta en el versículo citado anteriormente. Los ocho términos del versículo describen al Señor y su Palabra y llenan sus páginas desde Génesis 1 hasta Apocalipsis 22. Además, los ocho términos describen a varios héroes bíblicos. ¿Sabes lo mejor? También pueden describirte a ti.

¿La mayor sorpresa? Cuántos de los héroes bíblicos son *mujeres*, tanto ideales como reales. *Mujeres ideales* como la Sabiduría y la Mujer Virtuosa. *Mujeres reales* como Rut, Rebeca, Raquel y muchas otras. Sí, es bueno pensar en ellos (en lugar de ignorarlos, que es lo que solemos hacer los hombres).

El último de los ocho términos —que merezca elogio— describe a Abel (Hebreos 11.4), Enoc (Hebreos 11.5), Job (Job 29.11), Pablo y Silas (Hechos 15.40), Febe (Romanos 16.1) y los ancianos de las iglesias locales (Tito 1.7). Al igual que los otros siete términos, describe tanto el carácter de alguien como lo que piensa. Quiera Dios que seas alguien que piensa cada día en lo que es merecedor de elogio. Una excelente manera de hacerlo es comenzar cada día repasando un par de páginas más de este *Estudio bíblico de 5 minutos para hombres*, ¡por supuesto!

Como Pablo, puedes elegir pensar en lo que es verdadero, respetable, justo, puro, amable, digno de admiración, excelente o merecedor de elogio. Si es así, lo que digas y hagas acabará revelando tu semejanza a Cristo a un mundo que te observa.

ORA:

Sí, Señor, quiero decir «¡Gracias!» porque Tú y tu Palabra pueden llenar mis pensamientos con todo lo que es verdadero, respetable, justo, puro, amable, digno de admiración, excelente o merecedor de elogio.

Lo que puedes aprender de una mujer de la Biblia

Lee Marcos 12.41-44

VERSÍCULO CLAVE:

Todos han echado de lo que les sobra; pero esta, de su pobreza echó todo lo que tenía, todo su sustento.
MARCOS 12.44

ENTIENDE:

- Cuando hiciste tu última declaración de la renta, ¿te sorprendió lo poco o mucho que habías donado el año pasado?
- ¿Estás dispuesto a considerar seguir el ejemplo de la viuda pobre?

APLICA:

La viuda pobre de la lectura de hoy entra en el Atrio de las Mujeres, frente al Templo. Puedes imaginártela rememorando las promesas de Dios y lo que ha decidido hacer en oración. Mientras Jesús la observa, ella se detiene frente a un receptáculo de ofrendas en forma de embudo. Extiende la mano y deja caer sus dos últimas monedas de bronce.

Jesús conocía bien a esta viuda. Sí, es verdad, Él conoce a todas las viudas. Y Él sabía que esta pobre mujer no tenía propiedades ni familia que cuidara de ella. Por lo tanto, como era algo que Él hacía a menudo, es probable que Jesús hiciera señas a uno de sus discípulos para que la siguiera y le diera discretamente varias monedas de plata.

Aun así, piensa en el ejemplo de esta pobre viuda.

En primer lugar, demostró que ninguna ofrenda es demasiado grande. Jesús dijo que ella puso más que todos los demás. Puso todo lo que tenía. Ahora bien, podía hacerlo porque no tenía que cuidar de nadie más. Las Escrituras enseñan que tu obligación de atender las necesidades reales de tu familia está por encima de cualquier ofrenda que desees hacer. La ofrenda no es una forma de eludir las responsabilidades que Dios nos ha dado en casa.

En segundo lugar, esta pobre viuda demostró que ningún regalo es demasiado pequeño. Sus dos moneditas no le alcanzaban ni para comprar un pajarito para sacrificar o comer. ¿Cómo iba a cambiar algo su minúscula ofrenda? Para Jesús, sin embargo, marcaba la diferencia. Aquella pequeña ofrenda demostraba que aquella pobre viuda estaba plena y enteramente dedicada al Señor, su Dios. Su amor, su confianza y su valentía son conmovedores. Conmovieron claramente a Jesús, que la honró aquí y en Lucas 21.1-4.

ORA:

Sí, Señor, quiero decir «¡Gracias!» por todos los héroes de la Biblia, tanto hombres como mujeres. Haz que en los próximos días y semanas pueda seguir el ejemplo de la viuda pobre en la forma de dar.

Los apóstoles escribían pensando en el Antiguo Testamento

Lee Filipenses 2.5-11

VERSÍCULO CLAVE:

Para que ante el nombre de Jesús se doble toda rodilla en el cielo y en la tierra y debajo de la tierra, y toda lengua confiese que Jesucristo es el Señor, para gloria de Dios Padre.
Filipenses 2.10-11 nvi

ENTIENDE:

- ¿Qué significa que un día toda rodilla se doblará ante el nombre de Jesús?
- ¿Qué significa que toda lengua reconocerá que Jesucristo es el Señor?

APLICA:

Dios Padre ha concedido a Jesucristo el mayor honor del universo. Un día, todos «en el cielo y en la tierra y debajo de la tierra» (Filipenses 2.10 nvi) harán dos cosas. En primer lugar, toda rodilla se doblará (v. 10) en sumisión a Jesucristo. En segundo lugar, todos confesarán «que Jesucristo es el Señor, para gloria de Dios Padre» (v. 11).

Estas palabras nos retrotraen al año 700 a.C. En un pasaje majestuoso, Isaías 45.18-24, el Señor (*Jehová*) habló a las naciones. Se presentó como Creador de los cielos y de la tierra (v. 18), como el ÚNICO Señor y Dios

(vv. 18, 21, 22), como EL QUE solo dice la verdad (vv. 19, 23), como el ÚNICO que conoce el futuro (v. 21), y como «Dios justo y Salvador» (v. 21 NVI).

Entonces el Señor dijo estas palabras a través del profeta Isaías: «Vuelvan a mí y sean salvos, todos los confines de la tierra, porque yo soy Dios y no hay ningún otro. He jurado por mí mismo, con justicia he pronunciado una palabra irrevocable: Ante mí se doblará toda rodilla y por mí jurará toda lengua» (vv. 22-23 NVI).

Cuando Pablo escribió a los creyentes filipenses, estaba aplicando claramente esta importante profecía a Jesucristo. Es más, estaba diciendo que Jesús es el Señor (*Jehová*). (Pablo escribió el libro de Filipenses en griego, que no tenía traducción para *Jehová*. Pero sabemos que quiso decir que Jesús es *Jehová* porque Isaías usó ese nombre para Dios cinco veces en el pasaje al que Pablo hace referencia).

Al final, la pregunta no es: «¿Jesús es el Señor?». Él *es*, ahora y por la eternidad. En realidad, la pregunta es: «¿Has reconocido ese hecho en tu propia vida?». Qué bueno es reconocer con alegría su lugar en el universo y en tu vida, aquí y ahora.

ORA:

Sí, Señor, quiero decirte «¡Gracias!» porque el Nuevo Testamento no se escribió sin tener en cuenta el Antiguo. En cambio, proclama el cumplimiento de todo lo que escribieron los profetas.

Lo que puedes aprender de la mujer virtuosa

Lee Proverbios 31.10-31

VERSÍCULO CLAVE:

¿Quién podrá encontrar una esposa virtuosa y capaz? Es más preciosa que los rubíes.
Proverbios 31.10 NTV

ENTIENDE:

- ¿Las mujeres de tu vida tienden a disfrutar o a molestarse con el pasaje de hoy?
- Si no lo sabes, pregunta.

APLICA:

Solo el Señor mismo sabe cuántos artículos femeninos, estudios bíblicos femeninos, charlas femeninas y retiros femeninos han ensalzado a la mujer virtuosa descrita en el pasaje de hoy. El único problema es que suelen ignorar que todo el libro de Proverbios fue escrito para *hombres*.

En otras palabras, la lectura de hoy es un desafío para los *hombres*. Es para ti. Eso cambia las cosas, ¿no? Pero es todo bueno. Este pasaje de la Escritura explica cuatro maneras específicas en que un buen esposo puede animar a su esposa a florecer bella y activa en cada área de su vida.

Apreciar. El buen marido reconoce el verdadero valor de su esposa como persona (31.10). La ve como una obra maestra de Dios, única e inestimable. Sabe que su valor está muy por encima de las joyas preciosas.

Apoyar. El buen marido cree en el potencial de su esposa (31.11). No la pone en una caja llamada hogar solo para dejarla ahí en letargo. En cambio, le permite ser productiva y realizarse tanto dentro como fuera del hogar (31.16, 20).

Escuchar. El buen marido es consciente de la importancia de escuchar (y aprender) de la sabiduría de su esposa (31.26). Cuando respeta su amor fiel y su sabiduría se libra de muchas acciones imprudentes e insensatas.

Alabar. El buen marido alaba las virtudes y los logros de su esposa (31.29). No la adula, sino que la elogia por su temor a Dios (31.30) y el éxito de sus esfuerzos (31.31). Hace saber a los demás cuánto la aprecia.

ORA:

Sí, Señor, quiero decir «¡Guau!». No sé cómo me perdí esto todos estos años. Bueno, tal vez sí. Haz que pueda apreciar, apoyar, escuchar y alabar a las mujeres piadosas de mi vida.

¿Qué hora es, Abraham?

Lee Génesis 15.1-21

VERSÍCULO CLAVE:

*Luego lo llevó afuera y le dijo:
—Mira hacia el cielo y cuenta las estrellas, a ver si puedes. ¡Así de numerosa será tu descendencia! Abram creyó al Señor y el Señor se
lo reconoció como justicia.*

GÉNESIS 15.5-6 NVI

ENTIENDE:

- ¿Te has fijado en que la palabra «contar» aparece dos veces en el versículo clave de hoy? ¿En qué se diferencia la forma de contar de Abraham de la forma de contar del Señor?

- ¿Te has fijado en la frase «a ver si puedes»? Los antiguos astrónomos afirmaban sin duda que había 1.056 estrellas. Entonces, ¿por qué dijo el Señor: «si puedes»?

APLICA:

Son muchas las preguntas que nos vienen a la mente cuando leemos y estudiamos detenidamente el pasaje de hoy. Una de las grandes preguntas es: ¿este capítulo abarca un día completo o dos ocasiones distintas? Los eruditos literarios y bíblicos sostienen sabia y acertadamente que fue un solo día. Luego viene la pregunta estrella: ¿cuándo tuvo lugar el versículo clave de hoy, a qué hora del día?

Al principio, la respuesta parece obvia. Es medianoche, ¿verdad? Abraham estaba en su tienda orando. El Señor habló a Abram (como se llamaba en aquel momento). El Señor reforzó su promesa y llevó a Abram fuera. Ya no estaban en la tienda de Abram. Antes de que el Señor reforzara aún más su promesa, ordenó a Abram que hiciera algo. Todo va bien, parece, hasta que el Señor añade esa incómoda frase: «a ver si puedes».

¿Por qué diría eso el Señor? ¿O por qué no? Después de todo, el versículo 12 habla de la puesta de sol, y el versículo 17 habla de después de que el sol se había puesto y la oscuridad lo ocupó todo. Si es el mismo día, ¿cómo puede ser medianoche en el versículo 5?

Como vemos en Génesis 18.1 —y como vemos en toda esa región y en todo el sur de Europa, el sur de Asia y América Latina— mucha gente descansa durante la parte más calurosa del día. Esa es la mejor explicación de qué hora del día era en el versículo 5. En otras palabras, el Señor estaba diciendo, en efecto: «Abram, te pido que hagas algo que ahora no puedes ver, pero que podrás ver esta noche, como casi todas las noches».

Luego el Señor añadió: «Así de numerosa será tu descendencia».

En respuesta, Abram «creyó al Señor».

ORA:

Sí, Señor, quiero decir «¡Gracias!» por nuestro padre espiritual en la fe, Abraham. Gracias por crear una imagen tan gráfica de lo que es la fe.

¿Cuántos años tienes, Moisés?

Lee Salmos 90.1-17

VERSÍCULO CLAVE:

*Algunos llegamos hasta los setenta años,
quizás alcancemos hasta los ochenta,
si las fuerzas nos acompañan.*
SALMOS 90.10 NVI

ENTIENDE:

- Se entiende claramente que Moisés escribió de Génesis a Deuteronomio durante la última parte de su vida. Deuteronomio 31.2 y 34.7 dicen específicamente que Moisés terminó de escribir su quinto libro poco antes de morir a la edad de 120 años.

- ¿Qué edad crees que tenía Moisés cuando escribió el salmo 90?

APLICA:

A partir de las pruebas históricas y literarias internas de Génesis, Éxodo, Levítico, Números y Deuteronomio, se puede afirmar que Moisés escribió los cinco libros después de los 80 años (cuando Dios lo llamó) y antes de los 120 (cuando murió).

Así pues, suele suponerse que Moisés escribió el salmo 90 durante ese mismo período de tiempo (después de que Dios lo llamara pero antes de morir 40 años después). Sin embargo, usando las pruebas internas del salmo 90, ¿podemos hacernos una mejor idea de la edad de Moisés? Afortunadamente, la respuesta es sí.

En primer lugar, hay que fijarse en las alusiones que Moisés hace en el salmo 90 a los hechos básicos sobre la Creación y los relatos del diluvio y la historia inicial de Israel. Con la palabra *nuestro* (v. 1), Moisés se identificaba con su pueblo. Con la frase «generación tras generación» (v. 1), Moisés daba a entender la estructura literaria del Génesis. Con sus referencias poéticas a la Creación (v. 2), Moisés anunciaba Génesis 1-2. Con la palabra *polvo* (v. 3 NVI), Moisés anunciaba Génesis 2.7 y 3.19. Con la frase «mil años» (v. 4), Moisés anunciaba Génesis 5.27. Con la palabra *inundación* (v. 5), Moisés anunciaba los capítulos 6 a 9 de Génesis.

En segundo lugar, debes reflexionar sobre lo que dijo Moisés en el versículo 13. Con su pregunta suplicante, «¿Cuándo, SEÑOR, te volverás hacia nosotros?» (v. 13 NVI), Moisés anunciaba Génesis 15.13 y Éxodo 1, y daba a entender que el Señor aún no había intervenido para liberar a su pueblo de su terrible esclavitud en Egipto. Luego, en el versículo clave de hoy, Moisés sugiere directamente que está en algún punto cerca de esa etapa de la vida.

Conclusión: Moisés tenía probablemente unos 80 años cuando escribió el salmo 90. Por fin, su corazón estaba preparado. El Señor se apareció entonces a Moisés en la zarza ardiente (Éxodo 3-5) ¡y el resto es historia!

ORA:

Sí, Señor, veo que estás esperando que yo tenga un corazón preparado antes de que me llames a una nueva etapa de la vida, y posiblemente a mi mayor propósito en este mundo.

¿Cuándo supo el pueblo de Dios que «todos pecaron»?

Lee Romanos 3.9-23

VERSÍCULO CLAVE:

Por cuanto todos pecaron, y están destituidos de la gloria de Dios.
ROMANOS 3.23

ENTIENDE:

- ¿Qué pasajes conocía Pablo como la palma de su mano?
- ¿Con qué frecuencia recurrió a esos textos en sus cartas del Nuevo Testamento?

APLICA:

Es natural que la mayoría de los cristianos lean el Nuevo Testamento y piensen que todo es nuevo, una nueva revelación inspirada por Dios. ¡Lo es! Es decir, a menos que pienses que «nuevo» significa separado de lo que Dios reveló en el Antiguo Testamento.

La lectura bíblica de hoy termina con uno de los versículos más famosos, más memorizados y más citados de Pablo. Por algo es el versículo clave de hoy. Pero ¿se trata de una enseñanza cristiana totalmente nueva?

Si tu Biblia de estudio tiene referencias cruzadas, verás en seguida que Pablo estaba recordando la verdad que se encuentra en el primer versículo de la lectura de hoy. A su vez, ese versículo es una cita de Salmos 14.1 y de Salmos 53.1.

Además, otras referencias cruzadas te llevarán a 1 Reyes 8.46; 2 Crónicas 6.36; Salmos 143.2; Proverbios 20.9; Eclesiastés 7.20; Miqueas 7.2; y Jeremías 2.9, 5.1-9 y 6.28.

Y eso sin contar las referencias cruzadas del Nuevo Testamento a Santiago 3.2 (probablemente escrito antes que Romanos) y 1 Juan 3.8 y 3.10 (probablemente escritos después).

Entonces, ¿es que Pablo acuñó la idea de que todos pecaron? ¡Difícilmente!

La realidad es que la mayoría de las verdades evangélicas del Nuevo Testamento están firmemente arraigadas en las enseñanzas y profecías del Antiguo.

¡Qué buena noticia!

ORA:

Sí, Señor, quiero decirte «¡Gracias!» porque los apóstoles y los primeros padres de la iglesia no intentaban inventar una nueva religión.
En realidad, tu Espíritu Santo les ayudó a comprender el cumplimiento de las Escrituras hebreas en Jesucristo y su evangelio. ¡Yo creo!

¡Puedes obedecer esta orden!

Lee Efesios 6.10-18

VERSÍCULO CLAVE:

Oren en el Espíritu en todo momento y en toda ocasión. Manténganse alerta y sean persistentes en sus oraciones por todos los creyentes en todas partes.
EFESIOS 6.18 NTV

ENTIENDE:

- ¿Cuál de los mandamientos de Dios te resulta más fácil de obedecer? ¿«No matarás»? ¿Algún otro?
- ¿Cuál de los mandamientos de Dios te resulta más difícil de obedecer? ¿«No codiciarás»? ¿Algún otro?

APLICA:

Si hablamos de mandamientos, Pablo los condensa en la lectura bíblica de hoy. Siete de los nueve versículos son mandamientos claros que debes obedecer. La mayoría tienen que ver con ponerse el poder y la armadura de Dios. ¡Tomamos nota! La última, sin embargo, tiene que ver con la oración. El versículo clave de hoy contiene una doble explicación.

La primera mitad del versículo dice: «Oren en el Espíritu en todo momento y en toda ocasión». En otras palabras, Pablo quería que los cristianos confesaran sus pecados y pidieran ser llenos del Espíritu Santo. De este modo, podrás orar con un corazón limpio, lleno y valiente, con el Espíritu Santo guiándote.

La segunda mitad del versículo dice: «Manténganse alerta y sean persistentes en sus oraciones por todos los creyentes en todas partes». Las primeras ocho palabras tienen sentido. Las cuatro últimas palabras hacen que muchos se acobarden. Piensan: *¿Cómo se va a poder cumplir con eso ni siquiera una vez?*

En sus tiempos, Pablo lo hizo por ciudades y regiones. En nuestros días, se hace por naciones y continentes. ¿Cómo? Mira más adelante.

ORA:

Sí, Señor, quiero decirte «¡Gracias!» por ordenar a los cristianos que oren «por todos los creyentes en todas partes». Quiero hacer justo eso ahora mismo. Señor, oro por tu protección y por el crecimiento espiritual, la resistencia, la madurez y el amor de los cristianos en las naciones musulmanas, hindúes y budistas, y en otros países donde los cristianos corren peligro.

¿Por qué hay relatos clasificados «para adultos» en la Biblia?

Lee Jueces 19.16-30

VERSÍCULO CLAVE:

«Entonces subió el cuerpo de la mujer a su burro y se la llevó a su casa. Cuando llegó a su casa, tomó un cuchillo y cortó el cuerpo de su concubina en doce pedazos. Después envió un pedazo a cada tribu por todo el territorio de Israel.
JUECES 19.28-29 NTV

ENTIENDE:

- ¿Suele la Biblia blanquear o suavizar las historias que cuenta? ¿Por qué sí o por qué no?
- ¿Nos suele decir la moraleja de la historia? ¿Por qué sí o por qué no?

APLICA:

Los siete primeros libros de la Biblia contienen historias que hacen estremecerse a cualquier hombre de bien. Asesinato. Violación. Matanza. Incesto. Saqueo. Prostitución. Aniquilación. Violación en grupo. El breve libro de Rut es el primer libro de la Biblia que es clasificado para menores de 13 años. Luego, de 1 Samuel a 2 Crónicas, más sexo y violencia a cada paso. Los dos libros siguientes son para mayores de 13 años, pero Ester... bueno, ya te haces una idea. Sexo y violencia y más sexo y violencia.

Una de las historias más inquietantes de la Biblia está en la lectura de hoy. El libro de Jueces nos escandaliza una y otra vez, y sus acotaciones hacen entender el espanto de lo que cuenta: «En esos días, Israel no tenía rey; cada uno hacía lo que le parecía correcto según su propio criterio» (Jueces 17.6 y 21.25 NTV).

En este caso, la enseñanza moral original de la historia es obvia. La enseñanza para hoy no es menos aterradora: si haces lo que te parece, no hay límite para lo depravado que puedes llegar a ser.

En un mundo enganchado a los opiáceos de la realidad a la carta, hay que luchar duro para permanecer anclado en Dios y en su Palabra.

Si bajas la guardia... si olvidas que las malas compañías corrompen las buenas costumbres... si cedes a las mentiras descaradas del mundo... si levantas el puño contra Dios y decides hacer lo que quieres... la historia de tu vida pronto tendrá clasificación «para adultos».

Semana tras semana, vemos las trágicas historias de otros hombres en la vida real. ¿Qué estela dejan? Sexo, violencia, vidas rotas y el juicio de Dios.

¿Por qué es tan honesta la Biblia? Por muy buenas razones.

ORA:

Sí, Señor, no disfruté el estudio bíblico de hoy. Tal vez de eso se trataba. Ya he bajado la guardia. Me arrepiento. Me aparto de los errores de mi camino. Vuelvo a ti. Límpiame, lléname y guíame por tus caminos, te lo ruego.

¿Por qué Marcos 16 tiene finales alternativos?

Lee Marcos 16.1-20

VERSÍCULO CLAVE:

Y ellas se fueron huyendo del sepulcro, porque les había tomado temblor y espanto; ni decían nada a nadie, porque tenían miedo.
MARCOS 16.8

ENTIENDE:

- Si el versículo clave de hoy fuera el último del Evangelio de Marcos, ¿por qué se habría detenido Marcos justo en medio de la acción?
- ¿Por qué otro motivo se habría detenido Marcos tan bruscamente en medio del relato de la resurrección?

APLICA:

Prácticamente todas las traducciones modernas de la Biblia incluyen notas dentro del propio texto y a pie de página que señalan cosas de las que no tenemos seguridad acerca del último capítulo del Evangelio de Marcos.

Lo cierto es que, en los dos códices más antiguos que se conservan del Nuevo Testamento, Marcos 16 termina abruptamente en el versículo clave de hoy.

El primero, el *Codex Vaticanus*, incluye pequeños símbolos para indicar dónde sabían los escribas que existían variantes en algunos de los manuscritos bíblicos de su biblioteca. Coinciden con lo que los estudiosos del Nuevo Testamento griego saben hoy, aunque el significado de los pequeños símbolos no se descifró hasta 1995.

En ese primer códice, sin embargo, no aparecen pequeños símbolos en Marcos 16.8. En su lugar, los escribas dejaron casi la mitad de esa página en blanco. Eso no ocurre en ningún otro sitio. Querían que no quedara ninguna duda sobre el hecho de que los manuscritos antiguos incluían finales alternativos, y muchos incluían lo que llamamos Marcos 16.9-20.

Tenemos buenas razones para creer que, desde el principio, se enviaron varios ejemplares de algunos libros del Nuevo Testamento a diversas iglesias de una determinada región del Imperio romano. Es muy posible que Marcos hiciera lo mismo. También es posible que el Espíritu Santo inspirara a Marcos para crear versiones con finales alternativos.

Si Marcos terminó a propósito algunos manuscritos en el versículo clave de hoy, probablemente esperaba que los cristianos los leyeran a sus familias, provocando que los que aún no eran cristianos preguntaran: «¿Qué? ¿Por qué termina la historia tan abruptamente? ¿Qué pasó?».

ORA:

Sí, Señor, quiero decirte «¡Gracias!» por preservar las Escrituras a lo largo de los siglos. Hasta ahora, no me había dado cuenta de que el abrupto final de Marcos podría haber sido intencionado. Por favor, sigue utilizando este evangelio para ganar a millones de personas para la fe.

¿Por qué está Eclesiastés en la Biblia?

Lee Eclesiastés 1.1-18

VERSÍCULO CLAVE:

*Estas son las palabras del Maestro,
hijo de David, rey en Jerusalén.
Vanidad de vanidades —dice el Maestro—,
vanidad de vanidades, ¡todo es vanidad!*
Eclesiastés 1.1-2 NVI

ENTIENDE:

- ¿Has leído los doce capítulos del Eclesiastés?
- Si es así, ¿qué te ha parecido este libro tan singular?

APLICA:

Este cuarto libro de la literatura hebrea explora una vieja y persistente pregunta: ¿cuál es el sentido de la vida? Este ensayo poético o sermón, probablemente escrito por Salomón hacia la mitad de su reinado como rey de Israel, reflexiona sobre la *aparente* falta de sentido de la vida «bajo el sol».

La frase «bajo el sol» describe acertadamente la perspectiva terrenal de Salomón a través de este libro. No estaba viendo la vida como la ve el Señor en el cielo, sino desde la perspectiva de un individuo inmensamente sabio, fabulosamente rico y políticamente poderoso aquí en la tierra. Desde su privilegiada posición, Salomón terminó Eclesiastés diciendo: «Todo es vanidad» (1.2 y 12.8).

No obstante, a lo largo de este libro Salomón alude a creencias básicas en la justicia, la gracia, la soberanía, la omnisciencia, la trascendencia, la revelación, el misterio, el poder creador y la naturaleza eterna de Dios. Salomón concluyó el libro diciendo: «El fin de este asunto es que ya se ha escuchado todo. Teme a Dios y cumple sus mandamientos, porque esto es todo para el hombre. Pues Dios juzgará toda obra, buena o mala, aun la realizada en secreto» (12.13-14 NVI).

Salomón dejó que el lector decidiera quién es Dios (¿el Señor?) y cómo revela sus mandatos (¿las Escrituras?). Es muy probable que Salomón simplemente diera por sentado que sus lectores ya eran conocedores de los mandamientos que el Señor había revelado a Moisés y otros profetas.

También es posible que Salomón distribuyera ejemplares de este libro a los visitantes extranjeros para despertar su interés por el Dios de Israel.

ORA:

Sí, Señor, quiero decirte «¡Gracias!» por el libro de Eclesiastés. Todavía no sé muy bien qué pensar de él. Por otra parte, este podría ser un buen libro para leer con alguno de mis amigos más filósofos que aún no son cristianos.

Presente o futuro

Lee Malaquías 1.11-14

VERSÍCULO CLAVE:

«Mi nombre es honrado desde la mañana hasta la noche por gente de otras naciones. En todo el mundo ofrecen incienso dulce y ofrendas puras en honor de mi nombre. Pues mi nombre es grande entre las naciones», dice el SEÑOR de los Ejércitos Celestiales.
MALAQUÍAS 1.11 NTV

ENTIENDE:

- En sus notas a pie de página para el versículo clave de hoy, algunas traducciones indican que usaron el tiempo presente, pero que el significado del profeta puede haber sido el tiempo futuro.

- En sus notas a pie de página de este mismo versículo, otras versiones dicen que utilizaron el tiempo futuro, pero que el profeta podría expresar el tiempo presente.

APLICA:

¿Presente o futuro? ¿«Es» o «será»? Al explorar esta pequeña pero importante cuestión, es útil considerar los siguientes sucesos históricos descritos con gran detalle en la Palabra de Dios:

- En algún momento cercano al año 600 a.C., Nabucodonosor emitió una declaración pública de alabanza al Altísimo, el Rey del cielo (Daniel 4.34-37). Esta afirmación era bien conocida en Babilonia, pero también llegó a muchas otras ciudades de todo su imperio.

- En el 538 a.C., el rey Ciro de Persia publicó un edicto de alabanza al Señor, Dios de los cielos, para ser leído en todo su reino (2 Crónicas 36.22–23 y Esdras 1.1–4).

- En algún momento cercano al año 535 a.C., Darío el Medo publicó un edicto de alabanza al Dios de Daniel para los pueblos de todo el mundo conocido, que incluía al menos 120 provincias (Daniel 6.25-27).

Esto supone al menos dos edictos de alabanza a Dios a nivel mundial en los noventa años siguientes a la redacción del libro de Malaquías, que muchos expertos creen que se escribió en torno al año 445 a.C. Ese mismo año, el rey Artajerjes envió cartas a los gobernadores de las regiones al oeste del río Éufrates para expresar su apoyo a la misión de Nehemías de reconstruir Jerusalén (Nehemías 2.7-9).

Por lo tanto, en tiempos de Malaquías, es probable que el nombre del Señor realmente «fuera» grande y temido entre las naciones.

ORA:

Sí, Señor, quiero decir «¡Gracias!» porque tu gran nombre ha sido temido a lo largo de la historia. ¡Amén!